大学入試 全レベル問題集

日本史

[日本史探究]

前河合塾講師 藤野雅己 著

4 私大上位・最難関レベル

新装新版

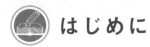

はじめに

　問題集を1冊解けば，日本史の実力がおおいにつく。そのようなことは"夢"かもしれません。そんな短期間で，日本史の実力などつくはずがない，と言われそうです。でも，本書では，その"夢"に少しでも近づけるような問題集をめざしました。

　私は，予備校で30年余日本史を教えてきました。また，『全国大学入試問題正解　日本史』（旺文社）の解答執筆を担当して20年余になります。この間に身につけた入試問題分析や受験勉強のノウハウなどを，この問題集に十分に生かすことができたと思っています。

　どの科目もそうですが，暗記という作業は不可欠です。しかし，暗記中心で上位や難関レベルの大学入試を突破することは，かなり困難です。出来事の意味や背景を考えたり，事項と事項を関連づけたり，政治と経済を自分で結びつけたりして学習する必要があります。本書はこのような，いわば応用力が身につくような問題を，上位・難関レベルの大学入試問題から厳選して作りました。

　具体的には，①一問一答式の単純な問題よりも，考えさせたり，資料（史料）を読みとったりするような問題を多く採用しました。②近現代史の頻度が年々高くなっているので，とくに近現代史の問題にスペースを割きました。③解説につけた「合否をわけるチェックポイント」では難問を解くヒントを多く取り上げました。

　この問題集によって実力が向上し，志望大学に合格されますことを願ってやみません。

藤野雅己

著者紹介：**藤野雅己**（ふじのまさみ）

　複数の大手予備校で長く日本史の受験指導をしてきた。前河合塾講師。『全国大学入試問題正解　日本史』（旺文社）の解答執筆者。

本シリーズの特長と本書の使い方

1. 自分のレベルに合った問題を短期間で学習できる！

大学の難易度別の問題集シリーズです。大学入試を知り尽くした著者が，過去の大学入試から問題を厳選し，レベルに最適な解説を執筆しました。自分にぴったりな問題と解説で理解が深まり，知識が定着します。

2. 志望大学のレベルに合った実力がつく『④私大上位・最難関レベル』！

上位・最難関レベルの私立大学群の過去問題を精選しました。実戦的な解説に特化し，志望校合格に向けて差がつく内容（問題内の「クエスチョン ここに注意!!」，解説内の「合否を分けるチェックポイント」）も掲載しました。該当レベルの大学群の入試を突破するために必須の知識がつきます。

3. 学習効率重視の構成！

問題を時代順に並べ，歴史の流れをつかみやすくしました。1テーマにつき，問題2または4ページ（本冊）＋解答解説2ページ（別冊）で使いやすい構成です。

4. 大学・学部別の入試分析や学習法も掲載！

6から9ページに，「志望大学・学部別　問題分析と特徴」として，本書のレベルに合致する主要な大学または学部の入試問題を詳細に分析し，特徴をまとめました。各大学の入試傾向を押さえてしっかり対策し，本番での高得点を目指しましょう。

※この本で掲載している全ての大学・学部ではありません。

※分析対象は主に旺文社『全国大学入試問題正解　日本史』2022～2024年受験用です。

目 次

本書で使用している入試問題は，原典の様式を尊重して掲載していますが，一部の問題のみを抜き出す，解答を補うなどの改題を適宜行っています。文章を大幅に変えるなどの改変があったものについては「改」と入れています。また編集上の都合により，設問文や問題番号などは，本書内で統一している箇所もあります。

3章　近世

4章　近代

5章　現代

装丁デザイン：ライトパブリシティ　　本文デザイン：イイタカデザイン

編集協力：株式会社オルタナプロ（野澤光弘）　　校閲：株式会社友人社　　編集：岡崎有里

志望大学・学部別 問題分析と特徴

🎓 早稲田大学（商学部）

問題の難易度 **3.8** 1━━2━━━━3▮▮▮▮4

■概要	■設問形式	■特徴
制限時間：60分 大問数：全6問 論述問題：有 史料問題：有 地図・図版問題：無 歴史総合*1：無	☑ 語句記述問題 ☑ 穴埋め問題 ☑ 選択問題 ☑ 組み合わせ問題 ☑ 正誤判定問題 ☑ 年代順	全時代から出題されるので，かなりの知識量が問われる。史料問題が多く対策は必須。正誤問題もやや難である。論述は30〜80字程度。

🎓 早稲田大学（法学部）

問題の難易度 **3.8** 1━━2━━━━3▮▮▮▮4

■概要	■設問形式	■特徴
制限時間：60分 大問数：全4問 論述問題：無 史料問題：有 地図・図版問題：無 歴史総合：無	☑ 語句記述問題 ☑ 穴埋め問題 ☑ 選択問題 ☑ 組み合わせ問題 ☑ 正誤判定問題 ☑ 年代順	ほぼ半数が史料問題と近現代から出題されているので，この対策が必要。難しい問題もあるが，半数以上は標準レベルの問題。正確な理解が重要。

🎓 早稲田大学（文学部）

問題の難易度 **3.5** 1━━2━━━━3▮▮▮▮4

■概要	■設問形式	■特徴
制限時間：60分 大問数：全6問 論述問題：無 史料問題：有 地図・図版問題：有 歴史総合：無	☑ 語句記述問題 ☑ 穴埋め問題 ☑ 選択問題 ☑ 組み合わせ問題 ☑ 正誤判定問題 ☑ 年代順	出題のバランスはいいが，原始時代と文化史は比較的多い。標準レベルの問題が多いので，確実に得点することが重要。正誤判定と記述式問題がカギ。

🎓 早稲田大学（文化構想学部）

問題の難易度 **3.2** 1━━2━━━━3▮▮▮4

■概要	■設問形式	■特徴
制限時間：60分 大問数：全4問 論述問題：無 史料問題：有 地図・図版問題：無 歴史総合：無	☑ 語句記述問題 ☑ 穴埋め問題 ☑ 選択問題 ☑ 組み合わせ問題 ☑ 正誤判定問題 ☑ 年代順	文化史単独の出題が多く，政治史や経済史にも文化史項目が含まれている。ただ，半数は標準レベルの問題なので，確実な学習が重要。

*1　「歴史総合」については，各大学の個別試験における2024年4月現在の情報です。

慶應義塾大学（法学部）

問題の難易度　**3.8**
1┄┄┄2┄┄┄3▮▮▮▮▮4

■概要	■設問形式	■特徴
制限時間：60分	☐ 語句記述問題	全問マークシート方式の問題で，問題量が多い。難しい設問もあるが，半数以上は標準レベルの問題なので，教科書の精読と総合的な学習が重要。
大問数：全4問	☑ 穴埋め問題	
論述問題：無	☑ 選択問題	
史料問題：有	☑ 組み合わせ問題	
地図・図版問題：有	☑ 正誤判定問題	
歴史総合：含	☑ 年代順	

慶應義塾大学（経済学部）

問題の難易度　**4.0**
1┄┄┄2┄┄┄3▮▮▮▮▮4

■概要	■設問形式	■特徴
制限時間：80分	☑ 語句記述問題	近世以降が出題範囲だが，中心は近現代史。戦後史の対策もかなり重要。論述問題は30〜100字程度が数題出題されるが，やや難である。
大問数：全3問	☑ 穴埋め問題	
論述問題：有	☑ 選択問題	
史料問題：有	☐ 組み合わせ問題	
地図・図版問題：有	☐ 正誤判定問題	
歴史総合：含	☑ 年代順	

慶應義塾大学（商学部）

問題の難易度　**3.6**
1┄┄┄2┄┄┄3▮▮▮▮▮4

■概要	■設問形式	■特徴
制限時間：60分	☑ 語句記述問題	マークシート方式の問題が中心だが，問題量が多い。テーマ史もよく出題される。論述問題は15〜20字程度のもの。総合的な学習が必要。
大問数：全3問	☑ 穴埋め問題	
論述問題：有	☑ 選択問題	
史料問題：無	☐ 組み合わせ問題	
地図・図版問題：無	☐ 正誤判定問題	
歴史総合：無	☐ 年代順	

慶應義塾大学（文学部）

問題の難易度　**3.5**
1┄┄┄2┄┄┄3▮▮▮▮▮4

■概要	■設問形式	■特徴
制限時間：60分	☑ 語句記述問題	史料問題が2問，100字前後の論述問題が2題出題される。一部に難しい設問があるが，多くは標準レベル問題で，出題範囲は全時代にわたる。
大問数：全5問	☑ 穴埋め問題	
論述問題：有	☑ 選択問題	
史料問題：有	☐ 組み合わせ問題	
地図・図版問題：無	☐ 正誤判定問題	
歴史総合：含	☐ 年代順	

🎓 上智大学

問題の難易度 1━2━━━3━━━4  3.8

■概要	■設問形式	■特徴
制限時間：90分	☑ 語句記述問題	思考力を問う問題が出題される。論述は年度による相違はあるが，50〜150字程度が3〜5題出題される。総合的，かつ確実な学習が重要。
大問数：全1問	☑ 穴埋め問題	
論述問題：有	☑ 選択問題	
史料問題：有	☐ 組み合わせ問題	
地図・図版問題：無	☑ 正誤判定問題	
歴史総合：含	☐ 年代順	

🎓 明治大学

問題の難易度 1━2━━━3━━━4 3.2

■概要	■設問形式	■特徴
制限時間：60分	☑ 語句記述問題	全学部統一入試はマークシート方式で，正誤判定問題がやや難である。他の学部は記述式の方が多いので注意。全体的に近現代史重視の傾向。
大問数：全4〜5問	☑ 穴埋め問題	
論述問題：無	☑ 選択問題	
史料問題：有	☑ 組み合わせ問題	
地図・図版問題：無	☑ 正誤判定問題	
歴史総合：含	☑ 年代順	

🎓 青山学院大学

問題の難易度 1━2━━━3━━━4 3.0

■概要	■設問形式	■特徴
制限時間：60〜90分	☑ 語句記述問題	全学部統一入試はマークシート方式の問題。他の学部も記号問題が多い。文学部史学科では350字の論述が2題出題される。全体に標準的な問題。
大問数：全3〜4問	☑ 穴埋め問題	
論述問題：有	☑ 選択問題	
史料問題：有	☑ 組み合わせ問題	
地図・図版問題：有	☑ 正誤判定問題	
歴史総合：無	☑ 年代順	

🎓 立教大学

問題の難易度 1━2━━━3━━━4  3.2

■概要	■設問形式	■特徴
制限時間：60分	☑ 語句記述問題	全学部統一入試の形式で，全時代にまたがるようなテーマ史的な問題が多い。やや近現代重視の傾向がある。テーマ史対策や教科書の精読が重要。
大問数：全2問	☑ 穴埋め問題	
論述問題：有	☑ 選択問題	
史料問題：有	☑ 組み合わせ問題	
地図・図版問題：有	☑ 正誤判定問題	
歴史総合：含	☑ 年代順	

🎓 中央大学

問題の難易度

■概要
- 制限時間：60分
- 大問数：全3〜5問
- 論述問題：有
- 史料問題：有
- 地図・図版問題：有
- 歴史総合：含

■設問形式
- ☑ 語句記述問題
- ☑ 穴埋め問題
- ☑ 選択問題
- ☑ 組み合わせ問題
- ☑ 正誤判定問題
- ☑ 年代順

■特徴
マークシート方式の問題が中心。文学部では正確な漢字での解答が要求されている。法学部では正誤判定問題対策が必須で，論述問題もある。

🎓 法政大学

問題の難易度

■概要
- 制限時間：60分
- 大問数：全3〜4問
- 論述問題：有
- 史料問題：有
- 地図・図版問題：有
- 歴史総合：含*1

■設問形式
- ☑ 語句記述問題
- ☑ 穴埋め問題
- ☑ 選択問題
- ☑ 組み合わせ問題
- ☑ 正誤判定問題
- ☑ 年代順

■特徴
マークシート方式が基本。学部によっては80字程度の論述問題や史料問題が出題される。教科書中心の学習で対応できる。

🎓 同志社大学

問題の難易度

■概要
- 制限時間：75分
- 大問数：全3問
- 論述問題：無
- 史料問題：有
- 地図・図版問題：有
- 歴史総合：無

■設問形式
- ☑ 語句記述問題
- ☑ 穴埋め問題
- ☑ 選択問題
- ☑ 組み合わせ問題
- ☑ 正誤判定問題
- ☑ 年代順

■特徴
記号問題に比べて記述式がやや多めの傾向。どの分野からも出題されるが，文化史の頻度が高め。標準的な問題が多いので，教科書中心の学習が重要。

🎓 立命館大学

問題の難易度

■概要
- 制限時間：80分
- 大問数：全3問
- 論述問題：無
- 史料問題：有
- 地図・図版問題：有
- 歴史総合：無

■設問形式
- ☑ 語句記述問題
- ☑ 穴埋め問題
- ☑ 選択問題
- ☑ 組み合わせ問題
- ☑ 正誤判定問題
- ☑ 年代順

■特徴
記号問題に比べて記述式の問題が多い。難問もあるが，標準的な問題が多い。どの時代，どの分野からも出題されるので，総合的な学習が重要。

*1　主に日本史から出題する

解答・解説：別冊 p.2

1 旧石器時代～弥生時代

1 次の文章を読んで，文中の空欄（A～I）に該当する適当な語句をそれぞれの語群の中から1～9の数字を選び，また語群の中に適当な語句がない場合は0を記せ。

（慶應義塾大）

(イ) 旧石器時代・縄文時代の打製石器の石材には産地の限られるものがあり，そうした石材の代表例である黒曜石は，北海道（　A　），栃木県（　B　），東京都神津島，長野県霧ヶ峰周辺・和田峠，大分県（　C　）などで産出することが知られている。

1	国府	2	月見野	3	高原山	4	富沢	5	姫島
6	早水台	7	港川	8	二上山	9	野尻湖

(ロ) 近年，高精度の質量の分析が可能な（　D　）を用いた（　E　）年代測定法の測定値を，確実な年代がわかる（　F　）の（　E　）年代測定値などから作成した較正曲線で補正する研究が進み，縄文時代と弥生時代の始まりが，ともに従来の見解より大きく遡る可能性が生じてきた。

1	熱ルミネッセンス	2	火山灰	3	放射性炭素
4	AMS	5	蛍光X線	6	安定同位体
7	年輪	8	フィッショントラック	9	金石文

(ハ) 『魏志』倭人伝には，景初二（三）年に邪馬台国の卑弥呼が魏に使いを送り，金印や銅鏡などを下賜されたことが記録されている。景初三年の銘のある（　G　）と（　H　）が，それぞれ（　I　）古墳，和泉黄金塚古墳で出土しており，卑弥呼に贈られた銅鏡との関係が議論されている。

1	画文帯神獣鏡	2	画像鏡	3	三角縁神獣鏡
4	内行花文鏡	5	方格規矩四神鏡	6	箸墓
7	五色塚	8	神原神社	9	黒塚

2 次の文章を読み，下記の問いに答えよ。

（早稲田大）

　日本列島に最初期に住み着いた旧石器人類は，おおむねヨーロッパのクロマニョン人と同種で現代人の祖型をなすものである。縄文人はその系譜を継ぐと考えられるが，長らく大陸からの影響を受けることなく，多様な自然環境のもとで狩猟採集と漁労生活をおくり，そのために物質文化と精神文化において，ₐ縄文時代独自の文化・社会を形成することになった。

　縄文人は貝塚や集落跡を残し，縄文中期，後期には　　A　　と呼ばれる円形の石造モニュメントを構築するなど，旧石器時代とは異なる展開をみせた。本格的な農耕と牧畜を伴わないので，真の「ᵦ新石器文化」とは言えないが，꜀自然経済に支えられて安定的で豊かな定住生活を営んだと考えられる。未開社会の宗教生活を参考にすると，縄文時代には自然の様々な精霊や先祖霊などを崇拝していたらしく，それに関わる_d儀礼や祭祀が行われた痕跡_が残っている。

□ **問1** 下線aの説明として**誤っているもの**はどれか。該当する記号を1つ選べ。

　ア　地縁・血縁的原理から構成される集団が組織された。

　イ　産地が限定される黒曜石やアスファルト，ひすい，琥珀などが交換を通じ
　　　て流通した。

　ウ　優れた土器製作や漆工芸の技術が発達した。

　エ　石器製作や骨角器製作に優れた技術を発揮した。

　オ　縄文土器に施文される縄目文様は縄文文化の大きな特徴で，縄文時代の終
　　　末期には姿を消し，弥生時代には継承されなかった。

□ **問2** 空欄Aに入る語句を漢字4字で記せ。

□ **問3** 下線bの説明として**誤っているもの**はどれか。該当する記号を1つ選べ。

　ア　磨製石器が登場した。　　　　イ　武器として青銅器が用いられた。

　ウ　土器製作が始まった。　　　　エ　植物栽培が開始された。

　オ　弓矢が発明された。

□ **問4** 下線cの説明として**正しいもの**はどれか。該当する記号を**2つ**選べ。

　ア　主に東日本ではサケ・マスの捕獲と備蓄等にもとづき安定した経済活動を
　　　営んだ。

　イ　定住生活の痕跡は大規模集落や長期間の集団墓によって裏付けられる。

　ウ　縄文人は季節的に集中する特定の資源に依存せず，イモ類の採集に重点化
　　　した。

　エ　北海道と沖縄では豊かな自然資源に恵まれたため，その後も続縄文文化を
　　　継続できた。

　オ　クリやドングリなどの堅果類を季節的に利用したが，それは西日本を中心
　　　とした。

□ **問5** 下線dの説明として**正しいもの**はどれか。該当する記号を**2つ**選べ。

　ア　精神世界に関わる土偶は，その後も継続して古墳時代の埴輪に引き継がれ
　　　た。

　イ　縄文時代の儀礼と祭祀には，呪術師やシャーマンが関与した。

　ウ　儀礼・祭祀の場で使用された土偶や土版は，縄文時代後期に西日本を中心
　　　に製作された。

　エ　弥生時代に開花する大陸由来の儀礼と祭祀は，遅くとも縄文時代後期には
　　　朝鮮半島を通じて流入していた。

　オ　縄文時代後期，晩期の大型住居は集団の儀礼，祭祀のための集会所と考え
　　　られる。

次の文章を読み，下記の問いに答えよ。　　　　　　　　　　（法政大）

弥生時代のはじめには，北部九州に環濠集落が営まれる。そして，縄文時代にはみられなかった石製・金属製の武器が出現する。新たに成立した_a農耕社会は人口増加をもたらしたが，同時に土地争いや水争い，余剰生産物をめぐる争いなど，争乱が頻発する状況をも招いたのである。各地の強力な集団は周辺のいくつかの集落を統合し，やがて各地に政治的なまとまりを形成していった。このような当時の倭人社会の様子は_b中国の史書にも記されている。多量の副葬品をもつ甕棺墓や大型の墳丘墓に葬られたのは，こうした集団をまとめた支配者やその家族たちであったとみられている。

□ **問1**　下線部aに関連して，農耕社会に特徴的にみられる石器として**不適切なもの**を，以下のア〜エのなかから一つ選べ。

　　　ア　太型蛤刃石斧　　　イ　石包丁　　　ウ　扁平片刃石斧　　　エ　石匙

□ **問2**　下線部bについて，当時の中国の史書の記述として正しいものを，以下のア〜エのなかから一つ選べ。

　　　ア　『漢書』地理志によると，倭人集団は30余りの国に分かれており，楽浪郡に定期的に遣使していた。

　　　イ　『後漢書』東夷伝によると，後漢の桓帝から霊帝にかけての時期に倭人集団の間で戦乱が続いていた。

　　　ウ　『魏書』東夷伝倭人条によると，倭人集団は100余りの国に分かれて争っていたが，女王卑弥呼の共立によって争いはおさまった。

　　　エ　『宋書』倭国伝によると，107年に倭国王帥升等が生口160人を献上して宋に対して服属を願い出ていた。

次の本文と，本文中の下線部に関連した設問を読み，空欄に入る最も適切な語句を語群より選べ。
　　（慶應義塾大／改）

縄文時代の生活の様子を物語るものとして，貝塚がある。岡山県にある
　(1)　(2)　貝塚からは，貝がら，土器，骨器のほか170体近い人骨が発見され，貝や骨で作った装飾器も多数出土している。また，北海道から東北，北陸一円で産出する　(3)　(4)　は，縄文時代において土器の補修や石鏃を矢に固定するために使用され，遠隔地からも出土しており当時交易が広く行われていたことを示している。

縄文時代の終わりころとされる約2500年前，九州北部で水稲耕作が始まり，その後西日本一帯に，やがては東日本にも広まった。こうして，食糧を生産する弥生文化が成立した。

他方，弥生時代になっても，_(ア)北海道や南西諸島には水稲耕作が及ばず，前者においては続縄文文化，後者においては貝塚文化と呼ばれる，食料採取文化が続いた。北海道においては，7世紀以降になると，鉄器や櫛の歯のような文様を持つ土器を特色とする　(5)　(6)　文化が成立する。

やがて，農業の発展につれて，人口も増加し，農地を拡大する必要が生ずるとと

もに，水利権の確保や余剰生産物の収奪などが原因となって，日本列島は戦いの時代に入った。同じころには，環濠集落や高地性集落など，防御施設をもつ集落が現れた。たとえば，環濠集落としては愛知県の ⎡(7)⎤ ⎡(8)⎤ 遺跡が，また，高地性集落としては香川県の ⎡(9)⎤ ⎡(10)⎤ 遺跡がある。これらの防御施設をもつ集落は，戦いを経て周辺の集落を統合し，各地にクニと呼ばれる政治的なまとまりを形成するようになった。

□ **問** 下線部（ア）の地域に古くから住む民族が15〜16世紀に形成した集落は，⎡(11)⎤ ⎡(12)⎤ と呼ばれている。

[語群]

01. アイヌ	02. 朝日	03. アスファルト
04. 池上曽根	05. 板付	06. ウタリ
07. 漆	08. 会下山	09. 蝦夷地
10. 大塚	11. オホーツク	12. 加曽利
13. カムイ	14. 唐古・鍵	15. 硬玉
16. 黒曜石	17. コタン	18. 琥珀
19. 擦文	20. サヌカイト	21. 紫雲出山
22. 尖石	23. 津雲	24. 鳥浜
25. 夏島		

クエスチョン　ここに注意!!　古代1

Q1 （筑紫国造）磐井の乱の後，磐井の子葛子が罪を免れるためにヤマト政権に献上したとされる屯倉は？
→**糟屋屯倉**である。

Q2 唐に対して「日本」の国号を初めて使用した遣唐使は？
→**粟田真人**である。彼は702年に派遣され，則天武后に謁見した。

Q3 藤原仲麻呂が諸国の民情を報告させるために諸国に派遣した令外官は？
→**問民苦使**である。平安時代にも派遣されたことがある。

Q4 恵美押勝〔藤原仲麻呂〕が皇朝十二銭2番目の万年通宝と同時に発行したわが国最初の金貨とされる貨幣は何か？
→**開基勝宝**である。貨幣として流通した確実な形跡はない。

2 古墳時代

1 次の文章を読み，下記の問いに答えよ。 （法政大，青山学院大）

　4世紀後半に高句麗が南下政策を進めると，朝鮮半島内部の緊張状態が高まった。加耶諸国と密接な関係を保ってきた倭国は，百済などとともに騎馬民族の (a) 高句麗と争うこととなり，乗馬の風習のなかった倭人たちも騎馬技術を学んだ。好太王碑文には，倭が高句麗と交戦したことが記されている。こうした状況を受けて (b) 古墳の副葬品も変化し，5世紀になると馬具や馬を用いた戦いを前提とした武器・武具が目立つようになった。一方，(c) 7世紀の中ごろになると，大王は八角形の古墳を造営するようになる。

□ **問1**　下線部 (a) について，高句麗に関する記述として**誤っているもの**を，以下のア〜エの中から一つ選べ。
　　ア　高句麗は紀元前1世紀に中国東北部からおこり，しだいに朝鮮半島北部に領土を広げていった。
　　イ　高句麗は313年に西晋の支配下にあった楽浪郡を滅ぼした。
　　ウ　高句麗は6世紀末に中国を統一した隋とは協調関係にあり，その庇護のもとで百済を圧迫した。
　　エ　高句麗は668年に唐と新羅の連合軍によって滅ぼされた。

□ **問2**　下線部 (b) について，古墳に関する記述のうち正しいものを，以下のア〜エの中から一つ選べ。
　　ア　前期の古墳には人物埴輪や動物埴輪などの形象埴輪がさかんに樹立された。
　　イ　中期の近畿地方の古墳は前期に比してその規模をいちじるしく減じている。
　　ウ　後期には朝鮮半島系の横穴式石室が一般化し，多量の土器の副葬も開始された。
　　エ　7世紀中頃の近畿地方では，竹原古墳などの装飾古墳が築造されていた。

□ **問3**　下線部 (c) について，この八角墳は大王にのみ固有の形をした古墳を造営することによって，一般の豪族層を超越した存在であることを示そうとしたものであると考えられている。この八角墳の例として最も適当なものを下から選べ。
　　ア　石舞台古墳　　イ　高松塚古墳
　　ウ　キトラ古墳　　エ　中尾山古墳

2 次の文章を読み，下記の問いに答えよ。 （上智大）

(1)倭の五王と歴史上の天皇との対応については諸説あるが，例えば最後の武については，ほぼ確定できると考えられており， (2)我国の稲荷山古墳出土の稲荷山鉄剣に象眼された銘文にみえる大王の名前からもその対応関係が窺える。同銘文には(3)「辛亥年」の文字も見え，これはこの世紀内で蓋然性のある最後の年と推定されている。この後，武は，中国へいわゆる「倭王武の上表文」を送り，高句麗との戦いでの支援を要請し， (4)ある称号も認められている。

一方で，この時期の日本は古墳時代にあたるが，中国や朝鮮半島との交流を通じて，主に朝鮮半島から来た渡来人たちにより種々の技術も伝わった。さらに次世紀には百済から(5)渡来した学識者により儒教も伝えられ，前後して仏教も伝来したと考えられる。

☐ **問1** 文中の下線部(1)について，倭の五王に該当する可能性の最も低いのは誰か。1人選べ。

① 仁徳天皇　　② 反正天皇　　③ 崇神天皇
④ 履中天皇　　⑤ 允恭天皇　　⑥ 安康天皇

☐ **問2** 文中の下線部(2)について，稲荷山古墳の形態は何か。次の中から1つ選べ。

① 円墳　　　　② 方墳　　　　③ 上円下方墳
④ 前方後円墳　⑤ 楯築墳　　　⑥ 前方後方墳

☐ **問3** 下級部(3)について，次の問いに答えよ。

(A) 「辛亥年」は同世紀中に最大何回存在するか。次の中から1つ選べ。

① 2回　② 3回　③ 4回　④ 5回　⑤ 6回　⑥ 7回

(B) この「辛亥年」を西暦何年と考えると，倭王武との整合性が高いか。次の中から1つ選べ。

① 239年　② 249年　③ 287年
④ 383年　⑤ 398年　⑥ 471年

☐ **問4** 下線部(4)について，この称号は何か。次の中から1つ選べ。

① 征東将軍　　② 親魏倭王　　　③ 節東巡使
④ 魏国東使　　⑤ 東方検断倭王　⑥ 安東大将軍倭王

☐ **問5** 下線部(5)について，儒教を伝えたとされる学者は，どう呼ばれていたか。次の中から1つ選べ。

① 紀伝博士　　② 露盤博士　　③ 明経博士
④ 文章博士　　⑤ 五経博士　　⑥ 陰陽博士

クエスチョン　ここに注意‼　古代2

Q1 日本と新羅の関係悪化に伴い，吉備真備の建議により，新羅に対する防衛のため福岡県に築いた城は？
→怡土城である。

3 飛鳥時代

1 次の文章を読み，下記の問いに答えよ。 （法政大）

　6世紀，蘇我氏は (a) 渡来人と結び，三蔵を管理するなど朝廷の財政権を掌握して，政治機構の整備や仏教の受容を推進していった。その中心となった蘇我馬子は物部守屋を滅ぼし，さらに崇峻天皇を暗殺して政治の実権を握った。その際に (b) 推古天皇が新たに即位し，馬子や厩戸王らが天皇を支えるかたちをとり，王権のもとで行政機構や地方組織の編成を進めた。

　中国との外交が再開され，遣隋使が派遣され小野妹子らが中国にわたった。隋が滅び唐が強大な帝国をきずくと，倭は (c) 遣唐使を派遣して外交関係の確立と維持に努め，中国からの制度や思想・文化の摂取を進めた。

□ 問1　下線部 (a) に関して，以下のア〜エの記述のうち誤っているものを一つ選べ。

　ア　継体天皇の時に段楊爾らの五経博士が渡来して易経・詩経・書経・春秋・礼記の五経を講じて儒教を伝えたとされている。

　イ　応神天皇の時に阿知使主が渡来して東漢氏の祖となったと伝えられている。

　ウ　継体天皇の時に王仁が渡来して『論語』や『千字文』をもたらし，西文氏の祖となったと伝えられている。

　エ　応神天皇の時に弓月君が渡来して養蚕や機織りの技術をもたらして秦氏の祖となったと伝えられている。

□ 問2　下線部 (b) に関して，以下のア〜エの記述のうち誤っているものを一つ選べ。

　ア　推古天皇は欽明天皇の皇女で，蘇我氏との姻戚関係はない。

　イ　推古天皇は用明天皇の同母妹であり，最初の女性天皇となった。

　ウ　推古天皇の甥は厩戸王で，蘇我氏系の穴穂部皇女の息子である。

　エ　推古天皇は敏達天皇の皇后であり，娘は厩戸王に嫁いでいる。

□ 問3　下線部 (c) に関して，以下のア〜エの記述のうち誤っているものを一つ選べ。

　ア　635年にはじめて遣唐使が派遣され，犬上御田鍬らが唐に渡り，2年後に帰国した。

　イ　717年に留学生として入唐した阿倍仲麻呂は玄宗帝に重用されたが，帰国を果たすことができず長安で客死した。

　ウ　唐僧鑑真は，たびたびの渡航に失敗しながら753年にようやく渡来し，日本に戒律を伝えた。

　エ　894年に菅原道真が遣唐大使に任命されたが，道真の建議によってこの時の遣唐使は派遣されず，これを契機として遣唐使は廃絶した。

2 次の文章を読み，下記の問いに答えよ。 （早稲田大）

　倭国（日本）は，朝鮮半島の特に新羅に対する優位性を示すため，遣隋使を派遣

すると同時に，国内的には_a推古天皇と厩戸王のもとで冠位十二階や憲法十七条を制定するなど，官僚制に基づく権力体制を整えていった。

618年に隋が滅び，唐王朝が成立すると律令法に基づく中央集権的な国家体制が強化された。一方，国内では_b権力をふるった蘇我氏が，中臣鎌足と中大兄皇子によって打倒され，孝徳朝において大化の改新と呼ばれる一連の政治改革が進められた。

天智天皇の死後には，大海人皇子と大友皇子の間で皇位継承をめぐる争いが起きたが，壬申の乱で勝利した大海人皇子が673年に　A　で即位（天武天皇）し，_c皇族や皇親を中心として律令制に基づく中央集権的な体制の整備を進めた。

□ **問1**　下線部aに関連する記述として，**誤っているもの**はどれか。
　　ア．推古天皇は初めての女性の大王（天皇）として即位した。
　　イ．推古天皇の父は欽明天皇，母は堅塩媛である。
　　ウ．推古天皇は飛鳥の豊浦宮で即位した。
　　エ．厩戸王の父は敏達天皇である。
　　オ．厩戸王の子は山背大兄王である。

□ **問2**　下線部bの蘇我氏は，百済から伝来した仏教を保護・信仰したが，蘇我氏が発願し，飛鳥の地に建立した飛鳥寺（法興寺）の伽藍配置として正しいものはどれか。
　　ア．中央の塔を囲んで東・北・西に3金堂，その北に講堂が配置される。
　　イ．西に塔，東に金堂，その中心北に講堂が配置される。
　　ウ．塔，金堂，講堂が南北一直線に配置される。
　　エ．中央に金堂，その東南に塔，北に講堂が配置される。
　　オ．中央に金堂，南に東西両塔，北に講堂が配置される。

□ **問3**　天武朝に始まった下線部cのような政治体制を皇親政治というが，天武天皇の長男として壬申の乱で活躍し，奈良時代の長屋王の父としても知られる人物は誰か。
　　ア．大津皇子　　イ．軽皇子　　　ウ．高市皇子
　　エ．草壁皇子　　オ．有間皇子

□ **問4**　　A　には，近年の発掘調査で伝飛鳥板蓋宮跡の上層遺構に比定されている天武天皇が造営した宮の名称が入る。漢字6文字で記せ。

クエスチョン　ここに注意!!　古代3

Q1 878年の元慶の乱（がんぎょう）（出羽国俘囚（ふしゅう）の反乱）を解決した国司は？
→藤原保則（ふじわらのやすのり）である。菅原道真（すがわらのみちざね）とともに模範的国司の代表。

Q2 阿衡の紛議（あこうふんぎ）で，阿衡の語義を問題にして藤原基経（ふじわらのもとつね）に進言した学者は？
→藤原佐世（すけよ）である。

4 奈良時代

1 次の文章を読み，下記の問いに答えよ。 （明治大）

　最初の全国的な戸籍は670年に天智天皇の命で作成され，氏姓を正す根本台帳と位置づけられ，永久保存とされたが，現存してはいない。その後，持統天皇の命により690年前後に作成された戸籍である　ア　より後，定期的に戸籍が作成されるようになり，班田が実施されるようになった。

　たとえば，以下は実在の史料を参考にして作成した架空の良民戸籍である（数字表記は当用漢字を使用）。

　　戸主　　孔王部乃母曾　　年四十七歳

　　母　　　孔王部伊志売　　年七十三歳

　　妻　　　孔王部甫西豆売　年三十七歳

　　男　　　孔王部久漏麻呂　年十五歳

　　男　　　孔王部赤猪　　　年九歳

　これが戸の構成員のすべてであるとすると，この戸に与えられる口分田の面積は合計で　イ　（数値）ということになる。しかし，平安時代に作成された戸籍には，記された全人口のうち_a【①男性や子供の割合　②女性や子供の割合　③男性や老人の割合　④女性や老人の割合　⑤子供や老人の割合】が異常に高いものもあり，当時の実態を反映したものとは考えがたい。

　やがて8〜9世紀になると王臣家や大寺社が私有地の開墾・買得に乗り出し，初期荘園が成立する。_b【①興福寺　②東大寺　③元興寺　④法隆寺　⑤唐招提寺】は国家の保護のもと，越前国道守荘・摂津国水無瀬荘などを中心に全国に荘園を拡大した。これにより土地公有の原則は崩壊していった。

☐ **問1**　空欄　ア　に入る最も適切な語句を漢字で記せ。

☐ **問2**　空欄　イ　には算用数字と適切な単位を使って計算した数値を答えよ。

☐ **問3**　文章内におけるa・bの【　】に入る最も適切な語句を①〜⑤の中から1つ選べ。

2 次の文章を読み，下記の問いに答えよ。 （早稲田大）

　人口10万人とも言われる平城京は，碁盤目状の街区で構成される条坊を持つ計画都市だった。長年の発掘調査によって確認された遺構，あるいは_a瓦・土器・木簡など様々な遺物の研究から，平城京の様相が明らかになっている。都市空間は中央を南北に貫通する朱雀大路によって左京と右京に分かれ，中央北詰には宮城があった。宮城には天皇の居住空間である内裏，国家的儀礼の場である　ア　や政務の場である朝堂院が置かれた。また，二官八省の中央官庁も宮城内に配置されていた。宮城に近い部分にあたる京内の北側には，_b皇族や貴族，高位の官人が居住する面積の広い宅地があり，南側には一般庶民の居住する小さく区切られた宅地が

存在していた。京内には巨大な寺院も甍を誇った。都からは諸国へ向かう官道が敷かれ，_c中央と地方を結ぶ交通網が整備された。

□ **問1** 下線aにある出土遺物の木簡に関連する次の記述のうち，**誤っているもの**を1つ選べ。
 あ．木簡とは文字を記した木札で，古代においては紙の文書と並ぶ一般的な情報伝達の手段だった。
 い．木簡は都でのみ発見され，地方官衙では使用されなかった。
 う．藤原宮から出土した木簡は，郡評論争決着の決め手となった。
 え．1961年の平城宮最初の木簡発見以来，注目されるようになった。
 お．平城京の長屋王邸からも発見され，王家の日常生活や家政機関の様相が明らかになった。

□ **問2** 空欄アには，天皇が出御する朝政や即位・大嘗祭・元日朝賀などの儀礼を行った建造物の名前が入る。2010年に復原された，この建物の名称を漢字3字で記せ。

□ **問3** 下線bの皇族の宅地としては，左京三条二坊一・二・七・八の4坪という広大な面積を占める長屋王邸が知られている。長屋王に関連する次の記述のうち，**誤っているもの**を1つ選べ。
 あ．藤原不比等の死後に左大臣となった。
 い．妻は，草壁皇子の娘である吉備内親王である。
 う．祖父は，天武天皇である。
 え．父は，壬申の乱で活躍した高市皇子である。
 お．仏教をあつく信仰し，法華寺を造営した。

□ **問4** 下線cの古代の交通制度に関する次の記述のうち，**誤っているもの**を1つ選べ。
 あ．官道には駅路と伝路があり，国家が管理した。
 い．駅路は東海・東山・北陸・山陰・山陽・南海・西海の七道があった。
 う．平城京と国府を結ぶ駅路には，約16kmごとに駅家が置かれた。
 え．駅家には，駅馬と駅子が配され，駅長が統轄した。
 お．伝路は大寺院間を結ぶ地方道だった。

3 次の文章を読み，下記の問いに答えよ。解答はもっとも適当なものを1つ選べ。もし，適当なものがなければ6を答えよ。 （早稲田大）

天武天皇の子として生まれた_イ草壁皇子は，将来を嘱望されながら，若くして世を去った。そこで，天武の皇后であった持統天皇が即位した。彼女は，草壁皇子の子である軽皇子に期待し，彼が15歳になると皇位を譲った。文武天皇である。

しかし，その文武天皇も病弱であり，即位後10年程で亡くなってしまう。だが，文武と（　ロ　）の間に生まれた首皇子はまだ年若い。そこで，文武の母が_ハ元明天皇として即位し，ついで，文武の姉妹であった元正天皇も皇位に就いた。二代続けての_ニ女帝である。

やがて，首皇子が成長すると，ホ聖武天皇として即位した。聖武の皇后は，藤原不比等と〈県犬養三千代の間に生まれた光明子であった。二人の間に待ちに待った男子が誕生したが，まもなく夭逝し，女子のみが成長した。阿倍内親王，後の孝謙天皇である。

☐ 問A．下線部イのライバルであり，謀反の疑いをかけられて自殺した人物は誰か。
　　1. 山背大兄王　　2. 有馬皇子　　3. 大津皇子
　　4. 舎人親王　　5. 高市皇子

☐ 問B．空欄ロにあてはまる人物は誰か。
　　1. 藤原宮子　　2. 藤原明子　　3. 藤原薬子
　　4. 藤原順子　　5. 藤原威子

☐ 問C．下線部ハの時の出来事として誤っているものはどれか。
　　1. 平城京に遷都した。　　　2.『日本書紀』が完成した。
　　3. 和同開珎を鋳造した。　　4.『風土記』の作成を命じた。
　　5. 蓄銭叙位令を出した。

☐ 問D．下線部二に関連して，女帝の組み合わせとして正しいものはどれか。
　　1. 舒明—斉明　　2. 欽明—斉明　　3. 欽明—推古
　　4. 敏達—皇極　　5. 舒明—皇極

☐ 問E．下線部ホが遷都した順番が正しいものはどれか。
　　1. 難波→紫香楽→恭仁　　2. 難波→恭仁→紫香楽
　　3. 紫香楽→恭仁→難波　　4. 恭仁→紫香楽→難波
　　5. 恭仁→難波→紫香楽

☐ 問F．下線部へに関わりの深いと伝えられているものはどれか。
　　1. 法隆寺橘夫人念持仏　　　2. 薬師寺薬師三尊像
　　3. 薬師寺聖観音像　　　　　4. 東大寺戒壇院四天王像
　　5. 東大寺日光・月光菩薩像

4 　次の文章を読み，下記の問いに答えよ。　　　　　　　　　　（早稲田大）
　大化改新詔の第2条では，a関塞・駅馬（せきそこ・はゆま）などを置くことが命じられているが，この時期に設置されたとは考えにくく，潤色だと思われる。実際に，国家による道や駅家が建設されるようになったのは7世紀後半であったと，推測されている。その後，中央から地方に及ぶ七道が整備され，一定の距離ごとにb駅家が置かれた。

☐ 問1　下線aは関のことであるが，古代には3つの関が官道に設置された。関ヶ原の戦いが起きた場所の近くに位置していた関の名は何か。漢字2字で答えよ。
☐ 問2　下線bについて述べた文章で誤っているものはどれか。
　　ア　駅長が統轄した。　　　　イ　経費は駅田でまかなわれた。
　　ウ　庶民は利用できなかった。　エ　官人は皆利用できた。
　　オ　駅務には駅子が当たった。

5 次の文章を読み，下線部・空欄に対応する下記の問いに答えよ。　(同志社大)

　聖武天皇の時代，政権を握ったのが皇族出身の橘諸兄であり，唐から帰国した吉備真備や玄昉が聖武天皇に信任されて活躍した。一方，橘諸兄政権と対立し，藤原氏内部でも孤立したとも言われるァ藤原広嗣は，九州で玄昉と吉備真備らの排除を求めて大規模な反乱をおこしたが，鎮圧された。乱勃発の知らせをうけ東国への行幸に出発した天皇は，複数の宮や都を転々とした。天皇は天平17年（745）に平城京へ戻るが，その頃から，ことに光明皇后の信任を得て，a大仏の造営を推進し，次第に橘諸兄政権の勢力を凌ぐ勢いになっていったのが藤原仲麻呂である。

　彼は孝謙天皇が即位した天平勝宝元年（749）に大納言となり，中衛大将を兼ね，さらに（　b　）を設置してその長官に就任し勢力を広げた。またィ大仏の開眼供養の日には，仲麻呂の田村第に孝謙天皇を迎えるなど天皇との連携も密であった。

　仲麻呂は淳仁天皇を擁立して即位させると恵美押勝の名を賜り，破格の経済的特権を得るとともに権力を独占した。しかし，恵美押勝は後ろ盾であった光明皇太后が死去すると孤立を深め，孝謙太上天皇が道鏡を寵愛して淳仁天皇と対立すると，ゥ危機感をつのらせて挙兵したが，太上天皇側に先制され滅ぼされた。淳仁天皇は廃されてェ流され，孝謙太上天皇が重祚して称徳天皇となった。

　道鏡は称徳天皇の支持を得て太政大臣禅師，さらに法王となって権力を握り，政治を行なった。称徳天皇が亡くなると，後ろ盾を失った道鏡は退けられた。つぎの皇位には，ォ藤原百川らが図って光仁天皇が迎えられた。

□【設問ア】　藤原広嗣が反乱をおこした時の官職は次のうちどれか。
　　1．大宰帥　　2．筑前守　　3．大宰少弐　　4．薩摩守
□【設問a】　聖武天皇が大仏造立の詔を出した時の宮の名称を漢字で記せ。
□【設問b】　空欄（　b　）には，光明皇后の皇后宮職が749年に昇格した官司の名称が入る。その名称を漢字4文字で記せ。
□【設問イ】　大仏の開眼供養の西暦年は次のうちどれか。
　　1．750年　　2．752年　　3．754年　　4．756年
□【設問ウ】　この事件がおこった西暦年は次のうちどれか。
　　1．760年　　2．762年　　3．764年　　4．766年
□【設問エ】　淳仁天皇が流された地は，次のうちどの国にあったか。
　　1．隠岐　　2．土佐　　3．佐渡　　4．淡路
□【設問オ】　藤原百川と共に光仁天皇の即位に尽力した人物は次のうちどれか。
　　1．藤原緒嗣　　2．藤原仲成　　3．藤原永手　　4．藤原冬嗣

クエスチョン　ここに注意!!　古代4

Q1　平将門（たいらのまさかど）に反乱をすすめたという武蔵権守（むさしごんのかみ）（国司（こくし））は？
　→興世王（おきよおう）である。彼は王族だが，系統は未詳。

5 平安時代1

1 次の文章を読み，下記の問いに答えよ。 （早稲田大）

　光仁天皇の子として生まれた桓武天皇は，ィ政治の刷新をはかった天皇としてよく知られている。まず，都を平城京から長岡京に遷都したが，造営長官の藤原種継が暗殺されると計画は頓挫し，皇太子であった早良親王は，罪を問われ［　ロ　］に流される途中憤死した。その後，桓武は長岡京を捨て，平安京に遷都した。これが千年の都と称される京都のはじまりである。桓武天皇は，政治改革を進めるとともに，造都と征夷を積極的に推し進めた。

　ハ嵯峨天皇は，平城太上天皇（上皇）と対立し「二所朝廷」といわれた政治的混乱が生まれたが，蔵人所を設置するなどしてこの争いに勝利した。この根本的な原因は，律令法上，天皇と二太上天皇（上皇）が同等の権利を持つことにあった。

　この時期，藤原氏は皇室との姻戚関係を深めるとともに，ホ承和の変や応天門の変で他氏を排斥し，藤原北家の地位を確立していった。

☐ **問A** 下線部イに関連して，桓武天皇の政策として正しいものはどれか。
　　1. 雑徭の期間を年間40日に減らした。　　2. 班田の期間を12年に改めた。
　　3. 公出挙の利率を2割に引き下げた。　　4. 隼人を征討した。
　　5. 新羅遠征計画を立てた。

☐ **問B** 空欄ロに当てはまる地名はどこか。
　　1. 伊豆　　2. 佐渡　　3. 淡路　　4. 安房　　5. 隠岐

☐ **問C** 下線部ハについて述べた文として**誤っている**ものはどれか。
　　1. 平城太上天皇（上皇）は平城京に遷都しようとした。
　　2. 藤原薬子は自殺した。
　　3. 藤原薬子の父は藤原種継である。
　　4. 藤原仲成は射殺された。
　　5. 平城太上天皇（上皇）は自殺した。

☐ **問D** 下線部ニに関連して，太上天皇（上皇）になったことのない天皇は誰か。
　　1. 宇多天皇　　2. 嵯峨天皇　　3. 聖武天皇
　　4. 淳和天皇　　5. 桓武天皇

☐ **問E** 下線部ホについて述べた文として**誤っている**ものはどれか。
　　1. 伴健岑が配流された。
　　2. 道康親王が皇太子となった。
　　3. 藤原基経の陰謀と考えられている。
　　4. 謀反を密告したのは阿保親王であった。
　　5. 橘逸勢が配流された。

2 次の史料を読み，下記の問いに答えよ。 （法政大）

蓋し聞く，律は懲粛を以て宗となし，令は勧誡を以て本となす。 A は則ち時を量りて制を立て， B は則ち闕けたるを補ひ遺れるを拾ふ。（中略）推古天皇十二年におよび，上宮太子親ら憲法十七箇条を作り，国家の制法ここより始まる。降りて ア 天智天皇元年に至り，令廿二巻を制す。世人の所謂る C 朝廷の令なり。ここに a 天皇の大宝元年にいたりて，贈太政大臣正一位藤原朝臣 b ，勅を奉りて律六巻，令十一巻を撰す。 イ 養老二年，また同大臣 b ，勅を奉りて更に律令を撰し，各十巻となす。今世に行ふ律令は是なり。（中略）律令は是れ政に従ふの本たり， A B は乃ち職を守るの要たり。方今，律令は頼りに刊脩を経たりと雖も， A B は未だ編緝を加へず。（中略）今古を商量し，用捨を審察し，類を以て相従へ，諸司に分隷す。（中略）上は大宝元年より起こし，下は D 十年にいたる，すべて B 冊巻， A 十巻となす。（以下略）

（ D A B 序）

□ **問1** 空欄 A ～ D に入るもっとも適切な語句を記せ。

□ **問2** 空欄 a b に入るもっとも適切な人物の名を下記の語群からそれぞれ一つ選べ。

〔語群〕

1	鎌足	2	房前	3	仲麻呂	4	不比等	5	道鏡
6	桓武	7	文武	8	聖武	9	天武	10	称徳
11	舎人	12	刑部	13	草壁	14	大友	15	高市

□ **問3** 下線部アは西暦668年に相当する。これに関連して，以下の文1～4のなかから正しいものを一つ選べ。

 1 2年後に，庚午年籍が作成された。 2 2年後に，壬申の乱が起こった。

 3 この年，大津宮に遷都した。 4 この年，法隆寺が全焼した。

□ **問4** 下線部イに関連して，以下の文1～4のなかから正しいものを一つ選べ。

 1 この年，右大臣は長屋王であった。

 2 この年，天皇は元明天皇であった。

 3 この年，皇太子は首皇子（後の聖武天皇）であった。

 4 この年，太安万侶が古事記を撰上した。

3 次の文章を読み，下記の問いに答えよ。ただし，文章は一部に語句を伏せた箇所があるので，歴史的に正しく補って読むこと。 （上智大）

藤原冬嗣を継いだ良房は，（ 1 ）年に事実上の摂政に就き，やがて正式に摂政就任したほか，この時期に前後して起こった（ 2 ）や（ 3 ）の機会を利用して藤原氏の地位を固めるのに成功した。（ 4 ）年に起こった（ 2 ）では（ 5 ）や橘逸勢が排斥され，（ 6 ）年の（ 3 ）では，（ 7 ）とその息子らが配流された。

次の基経は，摂政を経て（　8　）年に事実上の関白になると，3年後正式に関白に就任し，文字通りの摂関政治に乗り出した。基経の存在が特に注目される歴史的事件は（　9　）で，（　10　）天皇の時の詔に異議を唱え政務が混乱し，責任を取る形で橘広相が処罰されて収束した。

　基経の子息である（　11　）の時代，891年に（　12　）に就任したころから，藤原氏に権力が集中した政治体制や手法への反発も見え始め，天皇親政による試みもなされたが，（　13　）年に（　14　）が起こり，当時（　15　）だった菅原道真は（　11　）の讒言により九州に左遷された。

□　**問**　文章中の空欄（　1　）〜（　15　）に当てはまるもっとも適切なものをそれぞれ1つずつ選べ。

（　1　）　①　857　　②　858　　③　859
　　　　　④　860　　⑤　861　　⑥　863

（　2　）　①　応天門の変　　②　薬子の変　　③　承和の変
　　　　　④　安和の変　　⑤　昌泰の変　　⑥　乙巳の変

（　3　）　①　応天門の変　　②　薬子の変　　③　承和の変
　　　　　④　安和の変　　⑤　昌泰の変　　⑥　乙巳の変

（　4　）　①　835　　②　839　　③　842
　　　　　④　846　　⑤　851　　⑥　859

（　5　）　①　伴善男　　②　藤原実頼　　③　源高明
　　　　　④　源満仲　　⑤　在原業平　　⑥　伴健岑

（　6　）　①　862　　②　864　　③　866
　　　　　④　869　　⑤　871　　⑥　873

（　7　）　①　伴善男　　②　藤原実頼　　③　源高明
　　　　　④　源満仲　　⑤　在原業平　　⑥　伴健岑

（　8　）　①　879　　②　881　　③　884
　　　　　④　886　　⑤　887　　⑥　888

（　9　）　①　安倶の紛議　　②　易諛の紛議　　③　閼伽の紛議
　　　　　④　阿衡の紛議　　⑤　暗頌の紛議　　⑥　亜唆の紛議

（　10　）　①　光孝　　②　清和　　③　陽成
　　　　　④　冷泉　　⑤　朱雀　　⑥　宇多

（　11　）　①　忠平　　②　頼忠　　③　宗忠
　　　　　④　時平　　⑤　忠実　　⑥　師実

（　12　）　①　菅原道真が内覧　　②　菅原道真が左大臣
　　　　　③　菅原道真が右大臣　　④　菅原道真が遣唐大使
　　　　　⑤　菅原道真が権帥　　⑥　菅原道真が蔵人頭

（　13　）　①　900　　②　901　　③　902
　　　　　④　904　　⑤　905　　⑥　906

（14）　① 応天門の変　　② 薬子の変　　③ 承和の変
　　　　　④ 安和の変　　　⑤ 昌泰の変　　⑥ 乙巳の変
（15）　① 太政大臣　　　② 内大臣　　　③ 左大臣
　　　　　④ 右大臣　　　　⑤ 大納言　　　⑥ 参議

4　次の文章〔A〕〔B〕を読み，下記の問いに答えよ。　　（立命館大）

〔A〕　関白に任じられ，朝廷の政治を主導していた父が死去した際，彼は未だ20歳の若年であったことから，政治の主導権は，ときの天皇と，天皇が任命した壮年の官人が掌握するところとなった。譲位により新天皇が即位すると，その官人が自身の娘が妃となった親王の即位をはかったとして，大宰府に左遷した。以後，①班田の励行を命じて荘園の整理を志し，また法典の整備をはかるなど，新天皇のもとで律令政治を推進したが，39歳で死去した。彼の死は②大宰府に左遷され，その地で死去した官人の怨念の仕業と取り沙汰された。

〔B〕　延喜の治と称される親政を推進した天皇の皇子である彼は，臣籍に降下して源氏の姓を名乗り，参議から大納言，右大臣と昇進して，天暦の治と呼ばれる天皇の親政を補佐した。しかし，天皇が亡くなったのちに勃発した③謀反を密告する事件に際し，左大臣になっていた彼も嫌疑をかけられて邸宅が包囲され，大宰府に左遷された。彼を④『源氏物語』のモデルとする説も出された。

□ **問1**　下線部①の内容について述べた文章として，**適当でないもの**を一つ選べ。
　　あ　三代格式の一つである延喜格式の編纂を開始したが，延喜式は今日ほぼ完全な形で伝存している。
　　い　班田を十二年に一班としてその励行をはかり，また荘園整理令を発して勅旨開田などの整理を試みた。
　　う　新たに乾元大宝を鋳造し発行して経済の振興をはかったが，この乾元大宝を最後に，朝廷による貨幣の鋳造は途絶した。
　　え　かねてより編纂が進められていた『日本三代実録』が完成し，天皇に撰進したが，古代最後の正史となった。
□ **問2**　下線部②に関連して，「怨念」を鎮めるため，怨みをのんで死んだ者を神として祀り，鎮撫の行事が催された。このような行事を何というか。
□ **問3**　下線部③の事件を密告した人物は，事件ののち摂関家と関係が深まり，諸国の受領を歴任したが，その後，どの国に土着して拠点を構えたか。
　　あ　河内　　い　摂津　　う　伊勢　　え　伊豆
□ **問4**　下線部④の『源氏物語』の作者が仕えた，摂関家出身の中宮は誰か。

5 ｜ 平安時代1　　25

6 平安時代2

1 源氏と平氏に関する次の略系図をよくみて，以下の問いに答えよ。　　（上智大）

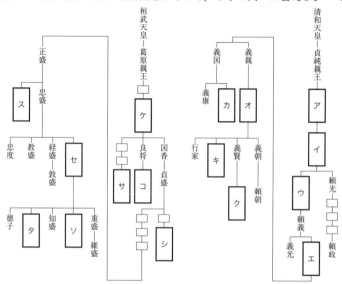

□ **問1**　略系図の空欄　ア　〜　タ　に該当する人物の説明としてもっとも適切なものを，次の短文［1］〜［16］から1つずつ選べ。

［1］　妻の妹滋子を後白河上皇の后に入れ，関白藤原忠通の子基実に娘の盛子を嫁がせ，太政大臣となって政権を掌握した。

［2］　この人物を祖とする北条氏は，伊豆に配流された源頼朝を援助し，鎌倉幕府の開設に協力した。

［3］　東国での活躍により武家の棟梁としての地位を固め，のち院の昇殿を許された。

［4］　父親の遺領問題で伯父を殺害し，乱を起こして常陸・下野・上野の国府を攻略した。

［5］　出雲で反乱を起こした父親を，平正盛に殺された。

［6］　藤原純友の乱を，山陽道追捕使小野好古とともに平定した。

［7］　1156年，崇徳上皇の軍に加わって甥と戦い，敗れて斬罪となった。

［8］　1181年，京都近辺9ヶ国の治安に当たる総官に就任した。

［9］　上総介となり任地に土着，千葉・上総・三浦・土肥・秩父・大庭・梶原・長尾各氏ら，その子孫は関東各地に広がった。

［10］　上総介・武蔵国押領使となり，1028年に反乱を起こして房総を占拠した。

［11］　福原京からの還都後，父親の命を受け，反対勢力であった南都興福寺・

26

　　東大寺の伽藍を焼き払った。

　　　［12］　1184年，征夷大将軍に任命された。

　　　［13］　藤原道長に仕えたが，のち河内守として土着し，河内源氏の祖となった。

　　　［14］　969年のある政変で藤原氏の権力集中に貢献し，摂津多田荘に土着して
　　　　　　多田源氏を称した。

　　　［15］　九州に武威を示して「鎮西八郎」と呼ばれた。のち，伊豆大島へ配流と
　　　　　　なった。

　　　［16］　この人物を祖とするある武将は，南北朝の動乱期に恒良親王を奉じて北
　　　　　　陸に転戦，越前国藤島で戦死した。

□ **問2**　次の (1) ～ (4) は，10～12世紀に起きた政争・戦乱の名称である。それぞれ
　　の当事者（反乱者・鎮圧者，(2)の場合は密告者）を，略系図の空欄　ア　～
　　　タ　に該当する人物の中から選びなさい。なお，複数ある場合はすべて解答
　　しなさい。

　　　(1)　保元の乱　　　(2)　安和の変
　　　(3)　平忠常の乱　　(4)　承平・天慶の乱

　　2　**次のA・Bの文章を読み，空欄 （ ア ）～（ キ ）に入る適切な語句を末
　　　　尾の〔語群〕から選び，その番号を記入せよ。同一記号の空欄には同一の語
　　　　句が入る。また，それぞれに付された設問に答えよ。**　　　　　　　　　（同志社大）

　A　日本律令国家の公民支配は，戸籍・計帳を基礎として行なわれた。全国規模で
　作成された最初の戸籍が，天智天皇9年（670）の（ a ）である。大宝令・養
　老令の規定では一般の戸籍の保存年限が「五比」すなわち（ ア ）年であるの
　に対して，（ a ）は氏姓の基本台帳として永久保存するものとされた。戸籍は
　6年に一度，里ごとに1巻という体裁で作成されたが，その改竄を防ぐべく，文
　字が記されている部分全面に（ イ ）が押され，紙の継目には「…国…郡…里
　…年籍」という継目裏書が書き込まれた。戸籍に基づき支給される口分田から徴
　収された田租は1段につき2束2把であり，収穫量の3パーセント程度にすぎな
　い。むしろ主要な税は調・庸の方である。正丁にかかる人頭税で，戸主が戸口の
　姓名・年齢等を記して申告した帳簿たる（ ウ ）に基づいて作成された計帳を
　もとに徴収された。口分田は当初百姓の私田とみなされ，それを他者に1年間を
　限って貸借する（ b ）も，一年を限って売ることだと説明されていた。逆に，
　口分田を班給した後の余りの（ c ）と呼ばれる田地は，無主の公田として広
　く（ b ）に出され，耕作者から法定収穫量の20パーセントを（ エ ）とし
　て徴収して太政官の雑用に充てた。しかし，天平15年（743）に墾田永年私財法
　が出されると，口分田は新たな私墾田に対して公田と称されるようになる。

□ 【設問a】　空欄 （ a ）に入る戸籍の名称を漢字で記せ。
□ 【設問b】　空欄 （ b ）に入る適切な語句を漢字で記せ。
□ 【設問c】　空欄 （ c ）に入る適切な語句を漢字で記せ。

B 戸籍・計帳による課丁把握を柱とした公民支配が困難になってくると，地方の支配は受領と称する`d国司の長官（不在時は次官）`に全面的に委ねられるようになり，10世紀初頭には徴税をはじめとする国務の全責任を受領個人が担うことになる。彼らは，京から（　オ　）を引き連れて任国に下向し，諸司史生・伴部・使部・諸家舎人などの肩書をもって国務に従事する雑色人を積極的に登用して田所・税所などの「所」に編成し，強力な部内支配を実現した。逆に受領以外の任用国司は国務から疎外されていく。また，受領が任国に赴かない遙任が一般化するにともない，その目代が国務を統括する（　e　）という機関が設けられ，`f雑色人たちは判官代・書生と称して国務を迅速かつ合理的に処理するようになっていく`。

受領は国内の田地を名という徴税単位に再編し，名の耕作請負人たる（　g　）と呼ばれる有力農民から地税化した官物と（　カ　）とを直接徴収する（　g　）体制を作り上げた。中央政府は（　キ　）で審議される諸国申請雑事定や受領功過定を通して地方支配を統制することに努めたが，10世紀後半以降受領の非法が朝廷に上訴されることが頻発する。なかでも永延2年（988）に尾張国の受領藤原元命の非法を訴えた文書「尾張国（　h　）」は有名である。

□【設問d】　下線部dの国司の長官（カミ）と次官（スケ）を漢字1字でそれぞれどう表記するか。順に記せ。
□【設問e】　空欄（　e　）に入る適切な語句を漢字で記せ。
□【設問f】　下線部fに関して，受領の交替とは無関係に国務に従事し続けるこれらの人々のことを何と総称するか。漢字で記せ。
□【設問g】　空欄（　g　）に入る語句を漢字で記せ。
□【設問h】　空欄（　h　）に入る語句を漢字で記せ。

［語群］
ア．　1. 30　　　　2. 20　　　　3. 100　　　4. 12
イ．　1. 花押　　　2. 国印　　　3. 太政官印　　4. 拇印
ウ．　1. 解状　　　2. 田図　　　3. 申文　　　4. 手実
エ．　1. 年貢　　　2. 地子　　　3. 贄　　　　4. 調副物
オ．　1. 仕丁　　　2. 郡司　　　3. 荘官　　　4. 郎等
カ．　1. 一国平均役　2. 出挙　　　3. 臨時雑役　　4. 国役
キ．　1. 陣定　　　2. 主税寮　　3. 朝政　　　4. 評定

3 **下記の問いに答えよ。**　　　　　　　　　　　　　　　　　(中央大)

☐ **問1**　平安時代の唐や宋の商人との交流に関する記述として正しいものにはイ，誤っているものには口と答えよ。

　　　a　朝廷の許可を得て宋にわたる僧もおり，このような僧により最新の仏教が我が国にもたらされることになった。

　　　b　宋の商人は，松原客院や能登客院で歓待を受けた。

　　　c　宋からの文物への需要が大きいため，朝廷は宋との国交を開いた。

☐ **問2**　平安時代の儀式書の組み合わせとして正しいものにはイ，誤っているものには口と答えよ。

　　　a　藤原公任―『北山抄』

　　　b　大江広元―『江家次第』

　　　c　源順―『西宮記』

☐ **問3**　国風文化に関する記述として正しいものにはイ，誤っているものには口と答えよ。

　　　a　貴族の邸宅の屏風や襖障子には，日本の風景や風俗を題材とした蒔絵が描かれていた。

　　　b　『古今和歌集』には仮名の序があり，これは公的な文書に平仮名が登場するきっかけとなった。

　　　c　定朝が完成させた寄木造は，分業による仏像の大量生産を可能にした。

☐ **問4**　貴族の生活様式に関する記述として正しいものにはイ，誤っているものには口と答えよ。

　　　a　貴族の着る衣服では，主として綿が素材として用いられていた。

　　　b　食生活では，年貢として上納された米を蒸して食べていた。

　　　c　貴族社会では，仏教の影響が強かったため，獣肉を食することを忌む習慣が広がった。

☐ **問5**　束帯を構成するものとして正しいものを1つ選べ。

　　　a　直衣　　　b　平緒　　　c　水干　　　d　狩衣

☐ **問6**　摂関時代の仏教に関する記述として正しいものにはイ，誤っているものには口と答えよ。

　　　a　貴族社会では浄土信仰が趨勢となったため，天台，真言の二宗は勢力を弱めることとなった。

　　　b　比叡山，高野山，東大寺大仏殿では，女性の参入が禁止されていた。

　　　c　『往生要集』の影響もあり，往生しようとする人をむかえるために仏が来臨する来迎図もさかんに描かれた。

7 院政期～鎌倉時代1

1 次の略系図をよくみて，下記の問いに答えよ。

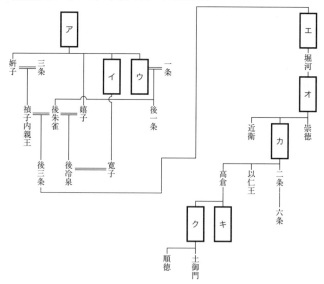

□ **問1**　次の短文①～⑧は，史料A～H（書物または古文書群）を引用して，略系図
の空欄　ア　～　ク　に該当する人物を説明したものである（ただし引用部
分には，前後の文章を省略したところ，文字の大きさを変えたところがある）。
それぞれ誰の説明に当たるか，もっとも適切なものを1つずつ選べ。

①　史料Aに「禅定法王は，後三条院崩後，天下の政をとること五十七年，在
位十四年，位を避るの後四十三年，意に任せ，法に拘らず，除目・叙位を行
ひ給ふ。古今未だあらず」とある，「禅定法王」とはこの人物である。

②　史料Bに「いづれの御時にか。女御・更衣あまたさぶらひ給ひけるなかに，
いと，やむごとなき際にはあらぬが，すぐれて時めき給ふありけり」と書い
た作者の女性は，この人物に仕えていた。

③　「遊びをせむとや生まれけむ，戯れせむとや生まれけむ」との歌を収めた
史料Cを編纂したのは，この人物である。

④　史料Dに「太閤，下官を招き呼びて云く，「和歌を読まむと欲す。必ず和
すべし」者。答へて云く，「何ぞ和し奉らざらむや。」又云ふ，「誇りたる歌
になむ有る。但し宿構に非ず」者」とある，「太閤」とはこの人物である。

⑤　史料Eに「されど，とかくいふかひなくて，帝より始め奉りて，大臣・公
卿みな悉く移ろひ給ひぬ。世に仕ふるほどの人，たれか一人ふるさとに残
りをらむ」とある，「帝」とはこの人物である。

⑥ 史料Fに「延久ノ記録所トテハジメテヲカレタリケルハ，諸国七道ノ所領ノ宣旨・官符モナクテ公田ヲカスムル事，一天四海ノ巨害ナリトキコシメシツメテアリケルハ，スナハチ宇治殿ノ時，一ノ所ニ御領御領トノミ云テ，庄園諸国ニミチテ受領ノツトメタヘガタシナド云ヲ，キコシメシモチタリケルニコソ」とある，「宇治殿」とはこの人物である。

⑦ 史料Gに「後室ソノ跡ヲハカラヒ，義時久ク彼ガ権ヲトリテ，人望ニソムカザリシカバ，下ニハイマダキズ有トイフベカラズ。一往ノイハレバカリニテ追討セラレンハ，上ノ御トガトヤ申ベキ」とある，「上」とはこの人物を指している。

⑧ 史料Hに，鹿子木荘について「実政の末流願西微力の間，国衙の乱妨を防がず。この故に願西，領家の得分二百石を以て，高陽院内親王に寄進す」とある，「高陽院内親王」とはこの人物の娘である。

□ **問2** 次の短文 (1) ～ (8) は，**問1**の史料A～Hに関する説明である。それぞれがどの史料の説明に当たるか答えよ。また，文中の空欄 (あ) ～ (け) に該当する語句を以下の語群より1つずつ選び，文章を完成させよ。

(1) 小野宮右大臣と呼ばれた (あ) の日記で，摂関期の重要史料。

(2) 貴族間に流行した今様などを集成したもので，浄土教の広まりを示す (い) なども収めている。

(3) 道理と末法思想に基づく歴史書。天台座主に昇った著者の (う) は，『(え)』の歌人としても知られる。

(4) 白河上皇・堀河天皇に仕え，(お) にまで昇った藤原宗忠の日記である。院政期の政治情勢を知る重要史料。

(5) 京都の (か) に伝わる古文書群で，加賀藩主前田綱紀の寄進した約百個の合箱に収納されている。

(6) 大義名分論に基づいて，南朝の正統性を主張した歴史書。(き) が，常陸国小田城で北朝方と対戦しつつ執筆した。

(7) 藤原氏全盛期の貴族社会を描写した長編小説で，著者は越前守藤原為時の娘 (く) である。

(8) 大火・飢饉・地震など，1180年前後の五大災厄を回想し，人生の無常について嘆いた (け) の代表的随筆。

〔語群〕

[1] 慈円	[2] 古今和歌集	[3] 赤染衛門
[4] 極楽歌	[5] 重源	[6] 新猿楽記
[7] 右大臣	[8] 左大臣	[9] 空也
[10] 新古今和歌集	[11] 北畠親房	[12] 吉田兼好
[13] 信西	[14] 後醍醐天皇	[15] 東大寺
[16] 行路死人歌	[17] 東寺	[18] 太政大臣
[19] 鴨長明	[20] 紫式部	[21] 御所
[22] 藤原頼長	[23] 専修念仏	[24] 藤原実資

2 次の史料を読み，下記の問いに答えよ。なお，設問に使用しない空欄もある。

（早稲田大）

　六波羅殿の御一家の君達といひてしかば，（中略）肩をならぶる人なし。されば

ィ入道相国のこじうと，平大納言　ロ　卿ののたまひけるは，此一門にあらざら

む人は皆人非人なるべしとぞのたまひける。（中略）日本秋津嶋は纔に　ハ　箇国，

平家知行の国　ニ　余箇国，既に半国にこえたり。其外庄園田畠いくらといふ数

を知ず。（中略）ホ楊州の金，荊州の珠，呉郡の綾，蜀江の錦，七珍万宝一として

闕たる事なし。

（平家物語）

□ 問A　下線部イの人物についての説明として正しいものはどれか。

　　1. 源義親を討って勢力を伸ばした。

　　2. 保元の乱で源義朝と敵対し，戦った。

　　3. 太政大臣となった。

　　4. 福原京遷都の直前に死去した。

　　5. 娘の徳子を後白河天皇の中宮にした。

□ 問B　空欄ロに入る人名はどれか。

　　1. 重盛　　2. 重衡　　3. 宗盛　　4. 時忠　　5. 忠盛

□ 問C　空欄ハに入る漢数字はどれか。

　　1. 四十四　　2. 五十五　　3. 六十六　　4. 七十七　　5. 八十八

□ 問D　下線部ホは日宋貿易による利益のありさまを示している。次のa〜dのうち，

　　日宋貿易に関連する説明として正しいもの2つの組み合わせはどれか。

　　a　日本からの輸出品には，金・硫黄・漆器等があった。

　　b　安芸国の音戸の瀬戸が開削された。

　　c　和泉国の大輪田泊が修築された。

　　d　宋が南宋になると貿易は衰えた。

　　1. aとb　　2. aとc　　3. aとd　　4. bとc　　5. bとd

3 次の史料を読み，下記の問いに答えよ。なお史料は省略したり，書き改めた
　ところもある。

（関西学院大）

　右弁官下す　五畿内諸国　東海，東山，北陸，山陰，山陽，南海，大宰府

　　応に早く陸奥守平　①　朝臣の身を追討し，　②　に参り裁断を蒙らしむ

　　べき，諸国庄園守護人地頭等の事

　　右，内大臣宣す，③勅を奉るに，近曾関東の成敗と称し，天下の政務を乱し，纔

　かに　④　の名を帯すと雖も，猶もって幼稚の齢に在り，然る間かの　①　朝臣，

　偏に言詞を教命に仮り，恣に裁断を都鄙に致し，剰え己の威を耀かし皇憲を忘るる

　が如し，これを政道に論ずるに謀反と謂うべし，早く五畿七道諸国に下知し，かの

　朝臣を追討せしめ，（中略）

　　註）　弁官…太政官と諸官庁・諸国との連絡を司った太政官内の役職

□ **問1** 空欄①に該当する語句を下記より選べ。

　　　ア．将門　　イ．忠常　　ウ．義時　　エ．頼綱

□ **問2** 空欄②に該当する語句を下記より選べ。

　　　ア．院庁　　イ．検非違使庁　　ウ．六波羅　　エ．鎌倉

□ **問3** 下線部③の発令者を下記より選べ。

　　　ア．村上天皇　　イ．仲恭天皇　　ウ．後醍醐天皇　　エ．後一条天皇

□ **問4** 空欄④の人物に関する説明として，正しいものを下記より選べ。

　　　ア．薬子の変に関係したのち，東国の平定に功をなした。

　　　イ．京の文化に通じ，『金槐和歌集』を成した。

　　　ウ．九条道家の子であり，後にはその子も同じ地位についた。

　　　エ．政所別当と侍所別当を兼務した。

---

4 **次の文章を読み，下記の問いに答えよ。** （中央大）

　頼朝の死後，幕府内で実権を握ったのは，伊豆の｜　1　｜出身の北条氏であった。一方，朝廷では後鳥羽上皇を中心に朝廷の勢力を挽回する動きが強められた。源実朝の死を受けた将軍職の後継問題等をめぐって朝廷・幕府の関係が不安定になると，後鳥羽上皇は，幕府打倒の兵をおこした。しかし，東国武士の大多数は北条氏のもとに結集して戦いにのぞみ，幕府が勝利した。①この承久の乱後，幕府は，朝廷側の人びとを厳しく罰し，京都に新たに六波羅探題をおいて朝廷を監視し，西国諸国の御家人の統轄にあたらせた。これによって，西国における幕府の支配権が飛躍的に強化された。さらに，幕府は，②大田文を作成させて軍役を課する際の台帳とし，また，｜　2　｜の皇子を将軍にむかえて幕府を権威づけた。

□ **問1** 文中の空欄｜　1　｜に入るもっとも適切な語句，および文中の空欄｜　2　｜に入る上皇の名を，漢字で答えよ。

□ **問2** 下線部①に関連する説明文として正しいものにはイ，誤っているものにはロと答えよ。

　　　a．北条泰時・時房は，承久の乱後も京都にとどまり，京都の警備・朝廷の監視にあたった。

　　　b．六波羅探題は，鎌倉時代を通じて，尾張から九州までにいたる西国の御家人の統轄や訴訟の処理にあたった。

　　　c．六波羅探題は，執権・連署につぐ重要な地位として，北条氏の有力者が任命された。

□ **問3** 下線部②の大田文に関連する説明文として正しいものにはイ，誤っているものにはロと答えよ。

　　　a．承久の乱の2年の後に大田文の作成を命じたのは，時の執権北条泰時である。

　　　b．幕府は，国衙に大田文の作成を命じた。

　　　c．大田文には，荘園・国衙領の面積，荘園領主・地頭などの領有関係が記されていた。

8 鎌倉時代2

1 次の文章を読み，下記の問いに答えよ。 （上智大）

　蒙古のフビライは中国支配に強い意欲を示し，都を（　A　）に遷し，1271年には国名を元と定めた。（　B　）攻略の一環として，（　C　）を制圧し，その（　C　）を介して日本に国書をもたらし，朝貢を求めてきた。幕府は，それを断固拒否し，（　ア　）を執権とし，防御・応戦の態勢を固めた。1271年，元の使者趙良弼が（　あ　）に到来し，入貢を強く迫ったが不調に終わったため，ついに元は（　C　）の軍勢と合わせ約3万の兵で（　い　）・壱岐・松浦を襲撃し，（　う　）湾沿岸に上陸した。幕府は九州の御家人たちを動員して，これを迎え撃った。日本側は，元軍の集団戦法や「てつはう」と呼ばれる火器の前に，一騎打ち戦法を主としたため苦戦を強いられ，（　あ　）近くの水城まで退却した。しかし元軍側も，突然起こった暴風雨にあって，多くの兵船が沈没し，大きな損害を被り（　D　）へ退却した。これが文永の役である。その後，幕府は蒙古の再襲に備えて，防備体制の強化を図るため，（　イ　）を設け，（　う　）湾沿いには石造の防塁（石塁）を構築させた。また（　え　）・周防・安芸の御家人には（　え　）警固番役を課し，山陽・山陰・南海3道諸国に対して，御家人・非御家人の区別なく，守護の指揮のもとに蒙古再襲に当たることが指令された。1279年に南宋を滅ぼしたフビライは，再び総勢約14万の大軍と4千隻の大船団をもって，日本征服を目指した。（　D　）を出発した東路軍は6月に（　う　）湾に攻め込んだが，日本軍に上陸を阻止され，いったん（　お　）の鷹島に退却し，（　E　）を出発した江南軍の到着を待った。7月，元軍は合流して総攻撃の態勢を整えた。ところがその矢先に再び大暴雨風が元軍の大船団を襲い，その船団の大半が沈没し，総勢の4分の3を失って戦意を喪失して壊滅状態に陥り敗退した。これを弘安の役といい，この2度にわたる元軍の来襲を蒙古襲来という。

　元はその後も日本遠征を断念せず，準備を進めたため，幕府も防備体制を緩めず，引き続き（　イ　）を課し，九州沿岸の警備に当たらせた。また（　ウ　）を（　う　）に設けて，北条一門をこの任に就けた。さらに幕府の支配権が全国的に強化され，北条（　エ　）家の勢力が強大となっていった。それに伴い北条（　エ　）家の家臣である御内人が幕府政治に関与するようになり，幕府御家人との対立が激化していった。（　ア　）が33歳の若さで急死し，その子の（　オ　）の代になると，その対立はにわかに激化し，御内人筆頭である（　カ　）が有力御家人の（　キ　）一族を滅ぼすという事件が勃発した。この結果，御家人の幕政関与が減少し，得宗のもとに得宗を支える一門・御内人が幕政を主導する（　エ　）専制政治が確立した。

□ **問1**　上記の文章中の空欄（　A　）〜（　E　）に当てはまるもっとも適切な地名または国名を，次から1つずつ選べ。

　　[1]　開京　　　[2]　北宋　　　[3]　明州　　　[4]　高麗

[5] 広州 [6] 朝鮮 [7] 大都 [8] 臨安

[9] 南宋 [10] 大理 [11] 合浦 [12] 新羅

[13] 成都 [14] 上都 [15] 南京

□ **問2** 上記の文章中の空欄（ あ ）〜（ お ）に当てはまる場所について，内容が正しくかつもっとも関係の深い説明を，次から1つずつ選べ。

[1] 会合衆が自治の運営に当たった。

[2] 西海道の一国で現在の佐賀県・長崎県に当たる。

[3] 既得権を圧迫された日本人居留民が武装蜂起する反乱事件が起こった。

[4] 管領細川氏による日明貿易の拠点となった。

[5] 宗氏の支配下にあり，文禄・慶長の役では半島出兵の基地となった。

[6] 律令制下の西海道諸国島の内政を統轄する役所が置かれた。

[7] 寺社の門前町として発展した。

[8] 山陽道の一国で現在の山口県に当たる。

[9] 松浦党の勢力の拠点で，倭寇の拠点ともなった。

[10] 西国の守護大内氏による勘合貿易の拠点となった。

[11] 西海道の一国で現在の福岡県に当たる。

[12] 幕府の直轄地とされ，外国との貿易の拠点となり発展した。

□ **問3** 上記の文章中の空欄（ ア ）〜（ キ ）に当てはまる人物または事項について，正しく説明しているものは［ 1 ］〜［15］のうちのどれか。もっとも適切なものを，次から1つずつ選べ。

[1] 九州地方の御家人の統率と訴訟処理のために設置された。

[2] 六波羅探題の在任中に二月騒動が勃発した。

[3] 内管領として幕政にあって専権を振るい恐怖政治を行ったため，主家によって滅ぼされた。

[4] 弘安の役後に九州総轄のために設置された訴訟機関で，少弐氏・大友氏ら九州の有力御家人の合議によって運営された。

[5] 北条氏に比肩しうる相模国の有力御家人三浦泰村一族を挑発して滅ぼした。

[6] 禅宗に帰依し，禅僧無学祖元を招いて円覚寺を建立し開山とした。

[7] 北条義時の法名徳宗に由来し，北条氏の嫡流を指した。

[8] 西国の御家人すべてに課せられた沿岸警備のための軍役。

[9] 西大寺の叡尊に深く帰依して受戒し，念仏寺院の称名寺を真言律宗に改めた。

[10] 幕府の評定衆・引付衆・御恩奉行などの要職を歴任し，北条氏との深い関係を背景に急進的な幕政改革を主導した。

[11] 九州地方の御家人に課せられた九州北部沿岸の要地を警備する軍役で，これを担当する御家人は京都や鎌倉での軍役を免除された。

[12] 御内人ながら幕府評定衆となり，幕政を壟断し，奥州安東氏の内紛に介入して，対立を激化させた。

[13] 窮乏する御家人の救済策として，永仁の徳政令を発布した。

[14] 北条時政以降に分立した北条氏一門の総称。

[15] 蘭溪道隆を鎌倉に迎え，建長寺を建立して開山とした。

2 次の史料を読み，下記の問いに答えよ。 （早稲田大）

（史料Ⅰ）

一，諸国の百姓，田稲を苅り取るの後，その跡に ［ イ ］ を蒔く，田 ［ イ ］ と号して，領主等，くだんの ［ イ ］ の所当を徴取すと云々，租税の法，あに然るべけんや，自今以後，田 ［ イ ］ の所当を取るべからず，（中略），仰せによって執達くだんの如し，

□<u>文永元年四月廿六日</u>　　　武蔵守判

ハ<u>相模守判</u>

因幡前司殿

（新編追加）

□ **問A**．空欄イに入る語句はどれか。

1．麻　　2．粟　　3．荏胡麻　　4．栗　　5．麦

□ **問B**．次のa～dのうち，下線部ロ以前に起きた出来事が2つある。その組み合わせはどれか。

a．三浦泰村が一族とともに滅ぼされた。

b．鎮西探題が設置された。

c．安達泰盛が一族とともに滅ぼされた。

d．皇族将軍がはじめて擁立された。

1．aとb　　2．aとc　　3．aとd　　4．bとc　　5．bとd

□ **問C**．下線部ハの人物はこの時連署の役職にあった。次のa～dのうち，連署に関連した説明として正しいものが2つある。その組み合わせはどれか。

a．連署は，源頼家が将軍になった時に設置された。

b．北条時房は，連署に就任したことがある。

c．連署は，執権を補佐する役職である。

d．平頼綱は，連署就任後に滅ぼされた。

1．aとb　　2．aとc　　3．aとd　　4．bとc　　5．bとd

（史料Ⅱ）

（前略）

一，（ ニ ）を停止すべき事，

右，（ ニ ）の道，年を逐って加増す，棄て置くの輩多く濫訴に疲れ，得理の仁なお安堵しがたし，諸人の侘傺（注），職としてこれによる，自今以後これを停止すべし，（中略），

一，質券売買地の事，

　右，所領をもってあるいは質券に入れ流し，あるいは売買せしむるの条，（　ホ　）等侘傺の基なり，向後においては停止に従うべし，以前沽却の分に至りては（　ヘ　）領掌せしむべし，ただし，あるいは御下文・下知状を成し給い，あるいは知行廿箇年を過ぐるは，公私の領を論ぜず，今更相違あるべからず，（中略），次いで（　ト　）・凡下の輩の質券買得地の事，年紀を過ぐるといえども，売主知行せしむべし，

一，利銭出挙の事，

　右，甲乙の輩要用の時，煩費を顧みず，負累せしむるによりて，富有の仁その利潤を専らにし，窮困の族いよいよ侘傺に及ぶか，チ自今以後成敗に及ばず，（後略）

（東寺百合文書）

　　　　（注）侘傺：困窮

□ **問D**．史料Ⅱは永仁5年に出された法令である。この時の鎌倉幕府執権は誰か。
　　　1．北条貞時　　2．北条実時　　3．北条高時
　　　4．北条時宗　　5．北条時頼
□ **問E**．空欄ニに入る語句はどれか。
　　　1．悪党　　2．越訴　　3．借上　　4．為替　　5．土倉
□ **問F**．空欄ホ・ヘ・トに入る語句の組み合わせで正しいものはどれか。
　　　1．ホ−御家人　　　　ヘ−買主　　　　ト−非御家人
　　　2．ホ−御家人　　　　ヘ−本主　　　　ト−非御家人
　　　3．ホ−本主　　　　　ヘ−御家人　　　ト−非御家人
　　　4．ホ−非御家人　　　ヘ−買主　　　　ト−御家人
　　　5．ホ−非御家人　　　ヘ−本主　　　　ト−御家人
□ **問G**．下線部チの内容としてふさわしいものはどれか。
　　　1．今後，利息つき貸しつけを禁止する。
　　　2．今後，貸しつけには利息をつけないようにする。
　　　3．今後，利息つき貸しつけを返済しない者は罰しない。
　　　4．今後，利息つき貸しつけの訴訟は受けつけない。
　　　5．今後，貸しつけで利益を得た者は罰する。

クエスチョン　ここに注意!!　中世1

Q1 後三条天皇が制定した物価公定の法律は？
→**估〔沽〕価法**である。

Q2 後白河上皇の院の近臣で，法制書『法曹類林』を著したのは？
→**藤原通憲**である。他に歴史書『本朝世紀』がある。

9 南北朝時代～室町時代1

1　次の史料を読み，下記の問いに答えよ。　　　　　　　　　　（関西学院大）

　去程に，京都には君　 a 　より還幸なりしかば御迎に参られける卿相雲客かうさう花をなせり。今度忠功をいたしける　 b 　以下供奉の武士其数をしらず。(中略) 保元・平治・治承より以来，武家の沙汰として政務を恣にせしかども，元弘三年の今は天下一統に成しこそめづらしけれ。君の御聖断は延喜・天暦のむかしに立帰りて（中略）古の興廃を改て，今の例は昔の新儀也。ｃ朕が新儀は未来の先例たるべしとて，新なる勅裁漸々きこえけり。(中略) 近臣臨時にｄ内奏を経て非義を申行間，綸言朝に変じ暮に改りし程に，諸人の浮沈掌を返すが如し。

□ **問1**　空欄aに入る旧国名を下記より選べ。
　　ア．伯耆　　イ．越後　　ウ．土佐　　エ．薩摩
□ **問2**　空欄bに入る人名の組み合わせとして，正しいものを下記より選べ。
　　ア．新田義貞・高師直　　　　イ．北畠顕家・竹崎季長
　　ウ．楠木正成・名和長年　　　エ．赤松則村・陶晴賢
□ **問3**　下線部cの事例として，正しいものを下記より選べ。
　　ア．記録荘園券契所（記録所）を復活させた。
　　イ．地方には，鎌倉将軍府と奥州将軍府を置き，将軍として皇子を派遣した。
　　ウ．諸国には守護が置かれ，国司は廃止された。
　　エ．土地所有権の確定には太政官符が必要とされた。
□ **問4**　下線部dの意味として，正しいものを下記より選べ。なお，すべて誤っている場合は，「エ」と記せ。
　　ア．宮中では，毎夜のように管弦が奏され，その合間に賄賂の受け渡しが行われた。
　　イ．天皇の近臣等を通じて天皇に訴え，道理に外れることが決められた。
　　ウ．武家伝奏が天皇の意を曲解して武士に伝えた。

2　次の史料を読み，下記の問いに答えよ。解答はもっとも適当なものを１つ選べ。
　　　　　　　　　　　　　　　　　　　　　　　　　　　　　　（早稲田大）

（史料Ⅰ）
　　 イ 　元の如く柳営たるべきか，他所たるべきや否やの事，
　（中略）なかんずく，　 イ 　郡は，文治にｑ右幕下はじめて武館を構へ，承久に義時朝臣天下を并呑す，武家においては，もっとも吉土と謂ふべきか，
　政道の事，
　（中略）早く万人の愁を休むるの儀，すみやかに御沙汰あるべきか，その最要あらあら左に註す，

一，倹約を行はるべき事，

　近日ハ婆佐羅と号して，もっぱら過差を好み，（中略）目を驚かさざるはなし，（中略）もっとも厳制あるべきか，（中略）

（史料Ⅱ）

観応二年十一月

五日，天晴る，恵鎮上人来る，これに謁し，世上の事これを談ず，一昨日（中略）南方の綸旨二通，忠運随身して相公 (注) に与う，一通は勅免，一通はニ直義法師追討の事と云々，公家の事は一円南方御沙汰あるべし，武士の事は召し仕わるるの上は管領すべきの旨，勅許と云々，（後略）

　（注）　相公：参議のこと。ここでは足利義詮を指す。

　　後醍醐天皇が開始したホ建武の新政は，多くの問題点を抱えていた。この状況をみた足利尊氏は中先代の乱を鎮めるために鎌倉に下ると，乱の収束後も後醍醐の上洛命令に従わず，建武政権に反旗をひるがえした。1336年，尊氏は京都をおさえ，持明院統の天皇を擁立すると，これからの政治の基本方針を示した。その一部が史料Ⅰである。

　　後醍醐は京都を脱出すると，吉野に入った。以降，南北朝内乱が展開することになるが，軍事力からいえば，多くの武士を結集した尊氏・北朝が圧倒しており，ヘ北畠親房が東国から撤退すると，北朝の勝利は目前と思われた。ところが，足利氏内部に対立が起き，これを契機として南朝は勢力を盛り返す。

　　その一つの表れが史料Ⅱで，ある貴族が，尊氏・義詮父子の講和申し入れに対する，南朝の反応を書きとめた日記の一部である。

□ **問A**　空欄イに入る語句はどれか。

　　1．鎌倉　　2．京都　　3．奈良　　4．室町　　5．六波羅

□ **問B**　下線部ロの人物についての説明として正しいものはどれか。

　　1．保元の乱で死刑になった。

　　2．福原に遷都した。

　　3．平治の乱で敗死した。

　　4．石橋山の戦いで敗れた。

　　5．後白河法皇によって征夷大将軍に任ぜられた。

□ **問C**　下線部ハは「ばさら」と読むが，「ばさら大名」として知られた近江の武士は誰か。

　　1．楠木正成　　2．赤松円心　　3．細川頼之

　　4．名和長年　　5．佐々木導誉

□ **問D**　次のa～dのうち，下線部ニに関連する説明として正しいものが2つある。その組み合わせはどれか。

　　a　実子の直冬は中国地方で活躍した。

　　b　兄尊氏の執事である高師直と対立した。

　　c　兄尊氏との二頭政治で裁判・行政を担当した。

d　抗争に敗れて上洛し，京都で死去した。

　　　1. aとb　　2. aとc　　3. aとd　　4. bとc　　5. bとd

□ 問E　下線部ホに関する説明として正しいものはどれか。

　　　1. 鎌倉幕府の武士も多く登用された。

　　　2. 武士社会の慣習を尊重したため，貴族に不評だった。

　　　3. 天皇への権限集中を目指し，院宣を重視した。

　　　4. 訴訟処理のため，記録荘園券契所を設けた。

　　　5. 足利尊氏の不満にこたえて，武者所の長官に起用した。

□ 問F　下線部への著作はどれか。

　　　1. 『建武年中行事』　　2. 『難太平記』　　3. 『職原抄』

　　　4. 『風姿花伝』　　　　5. 『禁秘抄』

3　次の史料を読み，下記の問いに答えよ。　　　　　　　　　（慶應義塾大）

(イ)　三条殿は六十六ヶ国に寺を一宇づゝ建立し，各安国寺と号し，同塔婆一基を
　造立して所願を寄せられ，御身の振舞廉直にして，げにゝゝ敷いつはれる御色なし。
　此故に御政道の事を将軍より御議ありしに，固く御辞退再三にをよぶといへども，
　上御所御懇望ありしほどに御領状あり。其後は政務の事においては，一塵も将軍
　より御口入の儀なし。

(ロ)　大御所・錦小路殿（大休寺殿）のa御中違の時も一天下の人の思ひし事は，当
　家の御中世をめされん事まで，あながちに御兄弟の間をばいづれと不可申とて，
　両御所に思ひ思ひに付申き。其時も諸人の存様は大休寺殿は政道私わたらせ給
　はねば捨がたし。大御所は弓矢の将軍にて更に私曲わたらせ給ず，是また捨申
　がたしと也。

(ハ)　細河右馬頭頼之，其比西国ノ成敗ヲ司テ，敵ヲ亡シ人ヲナツケ，諸事ノ沙汰
　ノ途轍，少シ先代貞永・貞応ノ旧規ニ相似タリト聞ヘケル間，則天下ノ管領職
　ニ令居，b御幼稚ノ若君ヲ可奉輔佐ト，群議同赴ニ定リシカバ，右馬頭c頼之ヲ
　武蔵守ニ補任シテ，執事職ヲ司ル。

(ニ)　そもそも前管領入道右京大夫d満元朝臣逝去三ヶ日の内，興遊皆これを憚る。
　其の故は，当時彼の輩は執政の器なり。尤も古昔の大臣に異なるべからざるか。

　　　　　　　　　　　　　　　　　　　　　　　　　　　　　（原文を一部修正）

□ 問1　史料（イ・ロ）の二重下線「将軍」「上御所」「大御所」はすべて同じ人物で
　ある。この人物の執事で，江戸時代の浄瑠璃『仮名手本忠臣蔵』の敵役とされた
　のは誰か。

□ 問2　下線a「御中違」による争いを，一般に何というか。

□ 問3　下線b「御幼稚ノ若君」とは誰か。

□ 問4　下線c「頼之」が管領在任中の1368年，守護の荘園侵略に一定の枠を設けて，
　守護領化を公認するとともに，公家や寺社の所領を保護する目的で発せられた法
　令を何というか。

□ **問5** 下線d「満元」が管領として将軍義持を補佐していた時期，鎌倉公方と前関東管領との間に起こった戦乱を何というか。

4 次の文章を読み，下記の問いに答えよ。 （学習院大）

　今川氏は足利一門の名門である。北条泰時の女子を母とした足利泰氏に対して庶兄にあたる足利（吉良）長氏から吉良・今川両家がおこった。吉良長氏の子今川国氏は三河国今川荘を知行し，これが家名となる。

　　(1)　は大大名である島津・大友・少弐三氏の結集に努力し，南北朝合一のあと九州の戦乱も小康状態を迎えることになった。このようななか，1395年，　(1)　は突如として九州探題を解任され帰京した。罷免の理由は必ずしも判然としてはいない。

　義満に対しては，　(2)　も不満を抱いていた。(3)瑞溪周鳳の日記『臥雲日件録』には，　(2)　が足利義満から北山殿造営の労役を課されて不満を抱き叛乱を起こすに至ったという伝承が記されている。1399年，　(2)　は鎌倉公方　(4)　を誘って義満に対する叛乱を起こして亡んだ。幕府は，　(2)　と　(4)　との仲立ちを務めたのが　(1)　であるとみなしていた。間もなく，　(1)　は上洛を条件に生命を保障され，晩年は文学的な活動に専念した。

□ **問1**　(1)　にあてはまる人物の名を記せ。
□ **問2**　(2)　にあてはまる人物の名を記せ。
□ **問3**　下線部 (3) の人物は，五山文学を代表する漢詩文の大家で，幕府の外交文書の起革にも携わった。この人物が編纂した明・朝鮮との外交史・外交文書集の書名を記せ。
□ **問4**　(4)　にあてはまる人物の名を記せ。

クエスチョン　ここに注意!!　中世2

Q1 鹿ケ谷の陰謀の後に鬼界ケ島から帰洛し，仏教説話集『宝物集』を著したのは誰？　→**平康頼**である。

Q2 日宋貿易で中国から輸入された一種の百科事典とは何か？
　→『**太平御覧**』である。

Q3 後鳥羽上皇の下で権勢を握って「卿二位」といわれた女性は？
　→**藤原兼子**である。後鳥羽上皇の下で人事権などを掌握した。

Q4 御成敗式目の規定（第26条）で，たとえ安堵の下文を給わった後でも，いったん譲与した所領を取り戻すことができることを何というか？
　→**悔返**という。親が子供に与えた所領を取戻せる親権は，**親の悔返し権**という。武家法では，親権が重視された。

10 室町時代2

1 次の文章を読み，下記の問いに答えよ。 （同志社大）

　1425年，ア5代将軍が没すると，この機に乗じて伊勢国の守護がa鎌倉公方や南朝の残党と連絡しあって幕府に抵抗した。この混乱のなかで，1428年，近江坂本の馬借たちが蜂起し，大規模な一揆へと発展した。

　1429年，足利義教が6代将軍に就いたが，なお政権は不安定であった。イ同年，国人・農民らが守護赤松満祐の軍勢に対して国外退去を要求した。b1441年，その赤松満祐の一族が将軍義教を暗殺する事件がおこると，支配者の交代を口実に3万もの民衆が蜂起した。

　ウ1454年の徳政一揆以降は，幕府は分一銭の制をとり，土一揆に対応するようになった。さらに幕府は私徳政を追認するしかなくなって，酒屋・土倉は衰退した。

　15世紀後半には，守護大名家の家督争いがはげしくなっていて，畠山氏の家督をめぐる畠山（　c　）と畠山政長の争いはとくに長期化した。山城国南部では，国人が農民を巻き込んで国一揆をおこし，畠山両軍の引きあげを要求し，およそ8年間にわたって自治を実現し，またd自治の掟を定めた。

　1488年，加賀国では守護の家督争いに乗じて一向一揆がおき，（　エ　）が倒された。これ以降，およそ100年間にわたって自治的な政治がおこなわれ，『実悟記拾遺』には「近年ハ（　オ　）ノ持タル国ノヤウニナリ行キ候」と記されている。

　一方京都では，カ富裕な商工業者であった町衆の間に日蓮宗（法華宗）がひろまっていった。このころ，町衆はe法華一揆をむすび自治をおこなった。しかし法華一揆のひろがりは，さまざまな対立を生み，f京都市中の日蓮宗寺院は，天文法華の乱で焼き討ちにあった。

□〔設問ア〕　下線部アの人物は次のうちどれか。
　　1．足利義量　　2．足利義持　　3．足利義栄　　4．足利義輝
□〔設問a〕　下線部aの人物名を漢字で記せ。
□〔設問イ〕　下線部イの土一揆がおこった地は，次のうちどの国にあったか。
　　1．備前　　2．摂津　　3．播磨　　4．丹波
□〔設問b〕　下線部bの土一揆がおこった年の年号を漢字で記せ。
□〔設問ウ〕　下線部ウの徳政一揆の年号は次のうちどれか。
　　1．長禄　　2．永仁　　3．享徳　　4．文明
□〔設問c〕　空欄（　c　）は，畠山持国の実子で，持国の養子となっていた持富や，その子の政長と家督を争った人物である。その名を漢字で記せ。
□〔設問d〕　下線部dに関連して，『大乗院寺社雑事記』に，山城国人が，「国中の掟法猶以てこれを定むべし」として会合したと記されている寺院の名称を漢字で記せ。
□〔設問エ〕　空欄（　エ　）に入る人物を次のうちから選べ。
　　1．斯波義廉　　2．斯波義敏　　3．富樫泰高　　4．富樫政親

□〔設問オ〕 空欄（ オ ）に入る語を次のうちから選べ。
　　　1. 門徒　　2. 百姓　　3. 武士　　4. 坊主

□〔設問カ〕 下線部カについて，京都の町衆に日蓮宗を布教し，宗勢をひろめる基盤
　　　をつくるが，比叡山延暦寺の反発が強く，1307年には京都を追放された人物を
　　　次のうちから選べ。
　　　1. 覚如　　2. 日像　　3. 慧玄　　4. 日蓮

□〔設問e〕 下線部eに関係して，法華一揆が天文元年に攻撃した山科本願寺の周囲
　　　には寺内町が形成されたが，一向宗門徒により，1560年頃に興正寺を中心に発
　　　達した河内国の寺内町を漢字で記せ。

□〔設問f〕 下線部fの事件がおこった西暦年を記せ。

2　次の文章を読み，下記の問いに答えよ。　　　　　　　　　　　（青山学院大）

　　中世も後期になると，各地で地場産業がさかんになり，a遠隔地間の商品取引も
活発化し，海・川・陸の交通路も発達した。海陸交通の要所では港町が繁栄し，瀬
戸内海・日本海沿岸・琵琶湖を中心に廻船の往来も頻繁になった。瀬戸内海の海上
交通の様子を窺うことが出来る「b兵庫北関入船納帳」をみると，1445年の一年間
に兵庫港に出入した船の数は　 ア 　隻以上にも及んだことがわかる。このほか瀬
戸内海には西国物産の中継地として栄えた港町が多く点在し，室町期には日明貿易
の基地にもなった尾道，門前町・市場町としても栄えた　 ① 　町，金毘羅宮参詣
の上陸地として賑わった多度津などがある。

　　廻船の運航増加に伴い，海難事故も多発したため，船主・荷主・船頭などの間で
「廻船式目」などと呼ばれる海損処理規約も定められた。「廻船式目」では，明や琉
球との交流の重要港である薩摩　 イ 　，筑前博多津，伊勢安濃津，日本海海運の
重要港である越前三国湊，加賀本吉湊，能登輪島湊，越中岩瀬湊，越後今町湊，出
羽秋田湊，陸奥津軽　 ウ 　を，当時の主要な港として「三津七湊」と称している。

□問1　下線部aについて，このころ遠隔地間での商取引の決済に用いられた為替手
　　　形をなんというか。
　　　① 割符　　② 太政官札　　③ 御文　　④ 藩札

□問2　下線部bについて，兵庫北関で関銭の徴収を行っていたのはどこか。
　　　① 建長寺　　② 東大寺　　③ 興福寺　　④ 薬師寺

□問3　空欄　 ア 　にはいる数字としてもっともふさわしいものはどれか。
　　　① 27　　② 270　　③ 2700　　④ 27000

□問4　空欄　 イ 　・　 ウ 　に該当する地名はそれぞれどれか。
　　　① 温泉津　　② 清水湊　　③ 大湊　　④ 十三湊
　　　⑤ 紀伊湊　　⑥ 坊津　　⑦ 室津　　⑧ 鞆

□問5　空欄　 ① 　は，1673年の大洪水によって水没したが，昭和になって発掘が
　　　行われ，生活用具や生産用具，木簡などが大量に出土し，中世庶民生活の詳細が
　　　明らかになった町である。該当する地名を漢字四文字で記せ。

3 次の史料を読み，下記の問いに答えよ。 （早稲田大）

（史料Ⅰ）

安芸国 ┃ イ ┃ 同心条々事……

一　この衆中において，相論の子細出来せば，共に談合せしめ，理非につき合力あるべき事，

一　ロ京都様御事は，この人数相共に上意を仰ぎ申すべき事，……

ハ応永十一年九月廿三日　　　　　　小河内

沙弥妙語（花押）（以下32名の連署を略す）（毛利家文書）

（史料Ⅱ）

一　ニ自今以後は，御家中の儀，有様の御成敗たるべきの由，おのおのに至りても本望に存じ候，しかる上は，諸事仰せ付けらるべき趣，一切無沙汰を存ずべからざるの事，（中略）

一　┃ ホ ┃ の儀，仕出し候わば，注進を致し，その内は堪忍仕り候いて，御下知に任すべきの事，……

天文十九年七月廿日　　　　　　　福原左近丞貞俊（花押）

（以下237名の連署を略す）

（毛利家文書）

（史料Ⅲ）

一　┃ ホ ┃ の事，是非におよばず，成敗を加うるべし，……

（甲州法度之次第）

┃ イ ┃ といわれる地方の有力武士は，南北朝時代から室町時代には血縁を根拠とする一族一揆，さらに地縁を根拠とする ┃ イ ┃ 一揆をしばしば形成し，共同して軍事行動をしたり，史料Ⅰにみられるように，紛争の解決に当たったりした。

戦国時代に至っても，戦国大名の家臣たちは一揆のような結合を維持していたが，一方でその自律性をかなりの程度放棄し，主君である大名の支配に委ねるようになる。史料Ⅱは，毛利氏の家臣たちが主君である毛利氏への服属を誓ったものだが，そのなかで，家臣たちの ┃ ホ ┃ については，その場は我慢して毛利氏の命令に従うことが示されている。これが，分国法である史料Ⅲではさらに進んで，┃ ホ ┃ をした場合には理由を問わずに処罰することが示されている。

□ **問A**　空欄イに入る語句はどれか。

1．国人　　2．地侍　　3．名主　　4．管領　　5．公方

□ **問B**　下線部ロが指すものはどれか。

1．将軍家　　2．院　　　　　　3．在京中の守護

4．天皇　　　5．在京中の奉公衆

□ **問C**　次のa〜dのうち，下線部ハの年号の時に起きた**出来事でないもの**が2つある。その組み合わせはどれか。

a　朝鮮と宗氏との間で癸亥約条が結ばれた。

b　足利義満が明と勘合貿易をはじめた。

c　上杉禅秀が足利持氏に背いて討たれた。

　　d　土岐康行が幕府に反抗して敗れた。

　　1.　aとb　　2.　aとc　　3.　aとd　　4.　bとc　　5.　bとd

☐ 問D　下線部ニの内容としてふさわしいものはどれか。

　　1.　主君があるべき統治・裁判をしてくれるのはありがたい。家臣としても主
　　　　君の命令をゆるがせにはしない。

　　2.　主君が慈悲深い政治をするように家臣として規制を加えた。主君はきびし
　　　　い支配をしてはいけない。

　　3.　主君がその場しのぎの支配・行政をしてくれるので家臣は自由だ。家臣と
　　　　しては主君を監視し続ける。

　　4.　主君がいいかげんな統治・裁判をするのは望むところだ。家臣としては主
　　　　君の命令に従ってばかりはいない。

　　5.　主君が家臣の行為を大目に見てくれるのは喜ばしい。主君は家臣を大事に
　　　　してほしい。

☐ 問E　空欄ホに入る語句はどれか。

　　1.　訴訟　　2.　逃散　　3.　下剋上　　4.　寄合　　5.　喧嘩

クエスチョン　ここに注意!!　中世3

Q1　足利義満の執事（のちの管領）細川頼之が義満に追放された事件は？
→康暦の政変である。代わって斯波義将が管領になった。

Q2　黒衣の宰相といわれ，足利義満・義持・義教に仕えた醍醐寺の僧は？
→三宝院満済である。

Q3　大乗院付属の商人として，日明貿易に参加した貿易商人は？
→楠葉西忍である。

Q4　大内氏の遣明船の副使や正使となった戦国時代の五山僧は？
→策彦周良である。のち，武田信玄や織田信長からも招かれた。

Q5　吉田兼倶の子で，天皇や朝倉氏などの戦国大名に儒学を進講した儒者は？
→清原宣賢である。

解答・解説：別冊 p.22

11 織豊政権

1　次の文章を読み，下記の問いに答えよ。　　　　　　　　　　　　（中央大）

　一族との抗争を制して尾張統一を果たした織田信長は1560年に今川義元を討ち，1567年には斎藤氏を倒して本拠を尾張から美濃に移した。このころから信長は，「天下　1　」という印判を使用するようになった。

　信長は1576年に安土城の築城に取りかかり，翌年，楽市令を城下に発布した。その第1条は，「諸　2　・諸役・諸公事等」に関しことごとく「免許」のこととしている。つまり，安土城下では商工業者は自由な営業が許され，また，ここでは税が課されることはないというのである。さらに，楽市令の第8条は，債務を帳消しにするいわゆる　3　が施行されても，安土城下ではそれを適用しないとし，債権を保護した。これらはいずれも安土城下の繁栄を図ろうとするものである。

　豊臣政権は，膨大な財政基盤に支えられていた。当時直轄領のことを　4　といったが，秀吉のそれは200万石を超え大きな年貢収入をもたらした。

　秀吉は新しい国際秩序の構築を構想し，明への侵攻を企て，朝鮮に服属と入貢，明への侵攻の先導を求めた。朝鮮がこれらの要求に応じなかったため，秀吉は1592年に大軍を朝鮮に送りこんだ。この戦争を朝鮮では壬辰　5　とよんでいる。①上陸した日本軍は当初朝鮮軍を圧倒し，朝鮮の各地に侵攻した。しかし，朝鮮水軍の活躍，各地で結成された非正規軍の抵抗運動，明からの援軍の到着などがあり，しだいに戦局は日本側に不利になった。そのため現地の日本軍の間では厭戦気分が高まり，②和平交渉が進められた。しかし，交渉はまとまらず，1597年，秀吉は再度大規模な出兵をおこなった。この再出兵では日本軍は当初から苦戦を強いられ，秀吉の死後日本軍は撤退した。この朝鮮出兵は日朝両国にとって悲惨な結果を招いたが，③朝鮮の文化が日本に影響を与えたという側面もあった。

☐ **問1**　文中の空欄　1　～　5　に入るもっとも適切な語を漢字で答えよ。
☐ **問2**　下線部①に関する次の説明のうち，正しいものにはイ，誤っているものには
　　　ロと答えよ。
　　　　a　侵攻した日本軍のなかには投降し朝鮮に住みついた人もいたとされる。
　　　　b　日本軍は朝鮮の首都である平壌も占拠した。
　　　　c　日本軍の優勢を聞いた秀吉が，天皇を朝鮮に移すという構想を表明した。
☐ **問3**　下線部②に関する次の説明のうち，正しいものにはイ，誤っているものには
　　　ロと答えよ。
　　　　a　和平交渉は，明が反対したため，明を除いて日朝間で進められた。
　　　　b　秀吉は講和の条件として，朝鮮全土を日本の領地とするよう求めた。
　　　　c　小西行長は和議をまとめようとして，秀吉の意向に反する交渉を進めた。

□ **問4**　下線部③に関する次の説明のうち，正しいものにはイ，誤っているものには
ロと答えよ。

　　a　連行された朝鮮の陶工によって薩摩焼や萩焼などがつくられるようになった。
　　b　朝鮮から伝わった活字印刷の技法を用いて慶長勅版がつくられた。
　　c　捕虜となった朝鮮の儒学者によって朱子学がはじめて日本に紹介された。

2　次の文章を読み，下記の問いに答えよ。　　　　　　　　　　　（明治大）

　豊臣秀吉は，織田信長在世中から新しく獲得した土地に検地を実施していた。それ以前，畿内周辺では一つの土地に複数人の権利が重なり合っていたが，秀吉は一地一作人を原則として，検地帳に載せた土地一区画ごとに耕作者の名前を記載した。これにより農民は耕作する田畑の所有権を実質的に認められると同時に，石高に応じて年貢などの負担も義務付けられることになった。

　たとえば，以下は実在の史料を参考にして作成した架空の村の検地帳の記載である（数字表記は当用漢字を使用）。

小竹原	上	一反一畝十歩	一石七斗	左衛門二郎
	上	九畝	一石三斗五升	同
同	上	六畝二歩		衛門三郎
同	上	一反	一石五斗	同
同	上	一反二畝	一石八斗	源内
同	上	三畝	四斗五升	小二郎
宮後	上	二畝	三斗	新兵衛
同	下	四畝	四斗四升	小二郎

　太閤検地で作成された検地帳には，村の耕地一区画ごとについて，その所在する地名（小竹原，宮後など），等級（上・中・下・下々），面積（×反×畝×歩），石高（×石×斗×升×合）が書き記され，最後にその耕地の年貢納入責任者（左衛門二郎，衛門三郎など）が記載されることになっていた。このうち，小竹原に耕地をもっていた衛門三郎の田地の石高の記載は抜けているが，他の田地の数値をもとに計算すれば（　1　）（数値）であったと類推できる。また，下線をひいた源内の田地では，年貢率が二公一民であった場合，彼は（　2　）（数値）の年貢を納めなければならないことになる。

□ **問1**　空欄（　1　）に計算した数値を入れよ。
□ **問2**　空欄（　2　）に計算した数値を入れよ。

12 江戸時代　前期1

1　次の文章を読み，下記の問いに答えよ。　　　　　　　　　　　　（早稲田大）

　　徳川家康は朝廷より征夷大将軍の宣下を受け，幕府は_a一国一城令や武家諸法度を公布して，武家を幕府のもとに編成しようとした。また天皇・公家に対しては_b禁中並公家諸法度を出し，寺社の統制にも着手した。

　　幕府は_c武家伝奏や京都所司代をもうけて朝廷を統制・監視した。さらに婚姻関係を結ぶことで，朝廷の権威を利用した。2代将軍徳川秀忠の娘和子は後水尾天皇の女御となり，後水尾天皇が幕府の許可なく退位したため，娘の_d明正天皇が跡を継いだ。秀忠の孫が天皇になったのである。

　　天皇や公家は長い戦国の世を経て経済的基盤を失い，朝廷の祭祀も十分に行うことができないほど疲弊していた。禁裏御料は家康の時に約1万石，その後，5代将軍徳川綱吉の時に約3万石となった。即位儀礼のひとつである　　A　　祭は，将軍綱吉の治世下で221年ぶりに行われたが，幕府の援助があって実現したものである。

□ **問1**　下線aに関する記述として，正しいものを1つ選べ。
　　ア　一国一城令が出されたのは，豊臣氏を滅ぼした大坂夏の陣の翌年である。
　　イ　福島正則は一国一城令に違反して城の修理を行ったために改易された。
　　ウ　一国一城令は東国の大名を対象としていた。
　　エ　一国一城令の発布とともに大名の参勤交代も義務づけられた。
　　オ　一国一城令は大名の居城以外の城を破却するよう命じたものである。

□ **問2**　下線bに関する記述として，**誤っているもの**を1つ選べ。
　　ア　1615年に制定された。
　　イ　天皇が和歌以外の勉強をすることを禁じた。
　　ウ　武家の官位と公家の官位は別であると明言している。
　　エ　天皇をはじめ公家の服制を規定している。
　　オ　親王や左大臣・右大臣などの座位についても言及している。

□ **問3**　下線cに関する記述として，正しいものを1つ選べ。
　　ア　武家伝奏は旗本から選ばれた。
　　イ　武家伝奏は3名を定員としていた。
　　ウ　京都所司代には譜代大名が任命された。
　　エ　京都所司代は朝幕間の緊張関係が弱まった近世中期に廃止された。
　　オ　京都所司代は大坂町奉行などと同じく職制上，老中の支配下にあった。

□ **問4**　下線dのあと数代を経て，最後の女性天皇が即位する。その天皇は誰か。
　　ア　桜町　　イ　後桜町　　ウ　桃園　　エ　後桃園　　オ　中御門

□ **問5**　空欄Aに該当する言葉を，漢字2字で答えよ。

2 次の文章を読み，下記の問いに答えよ。

（法政大）

17世紀末における全国の村数はおよそ ▢1 であった。近世の村は，太閤検地や江戸時代初期におこなわれた検地によって，その範囲をおよそ確定させた。これを ▢2 と言う。同時に検地では，各村について田畑・屋敷の一区画ごとの面積を算定し，あわせて田畑に等級をつけて，多くの場合その生産力をすべて米に換算して定めた。これを一村ごとにまとめたものが村高となる。村高はその村の公定生産高であり，年貢・a諸役の賦課基準となった。この村高の全国平均は，一村あたり約 ▢3 石となる。こうした村はb村請制のもとで，村方三役を中心に運営されていった。

▢ **問1** 空欄 ▢1 に入るもっとも適切な数字を以下のア〜エの中から一つ選べ。
　　ア　1800　　イ　6300　　ウ　1万8000　　エ　6万3000

▢ **問2** 空欄 ▢2 に入るもっとも適切な語句を以下のア〜エの中から一つ選べ。
　　ア　村切　　イ　村八分　　ウ　村入　　エ　村入用

▢ **問3** 下線部aに関する説明として，**誤っているもの**を以下のア〜エの中から一つ選べ。

　　ア　小物成とは，主に山野河海などの利用に対して課せられたもので，漆年貢や海苔運上など多くの種類があった。

　　イ　助郷役とは，街道宿駅の常備人馬だけでは継ぎ送りに支障をきたす場合などに，おおむね宿駅近隣の村が，補助的に人馬を提供するものをいう。

　　ウ　高掛物とは，村高に応じて賦課されたもので，幕領の村に課された御伝馬宿入用などがあった。

　　エ　本途物成とは，大河川の治水工事など，莫大な出費を要する場合に，広範囲の村々に賦課されたものをいう。

▢ **問4** 空欄 ▢3 に入るもっとも適切な数字を以下のア〜エの中から一つ選べ。
　　ア　400　　イ　800　　ウ　1200　　エ　1600

▢ **問5** 下線部bに関する説明として，正しいものを以下のア〜エの中から一つ選べ。

　　ア　年貢を納入させるための領主からの書付は，個人ではなく村宛に交付され，村の責任で一括納入された。

　　イ　毎年の検地の実施を村が請け負うことで，領主は常に最新の村の生産力を把握することができた。

　　ウ　年貢の納入にのみ関わるもので，お触れの伝達や戸籍の管理などは領主と各百姓家が直接に関わりをもった。

　　エ　村の支配を商人が請け負うことで，領主へ確実に年貢が納入されるようになった。

3 次の文章を読み，下記の問いに答えよ。 （早稲田大）

　15世紀後半から16世紀前半までは琉球王国の最盛期にあたったが，16世紀中頃，ヨーロッパ勢力の貿易船が東アジアに進出し，明が自国商船の海外渡航を認めるようになったこともあり，琉球王国の貿易上の地位は低下した。

　また，同時期に_a島津氏が薩摩・大隅・日向の領国内を統一し，戦国大名として強大化すると，島津氏と琉球国王の関係も変化し始めた。島津氏は，_b豊臣秀吉の天下統一事業によってその支配下に入ると，_c朝鮮侵略への軍役賦課を転嫁するなどして，露骨に琉球に圧力をかけるようになった。さらに1609年，徳川家康の許可を得て，島津家久の命を受けた島津軍が侵攻した。以後，_d近世琉球は，明との冊封関係を続ける一方で，薩摩を介して幕藩体制の一環に組み込まれることになったのである。

□ **問1**　下線部aに関連して，島津軍が勢力拡大のため九州北上を開始すると，島津氏と衝突して豊臣秀吉の九州平定を招いた豊後の戦国大名はどれか。
　　ア　大内氏　　イ　大村氏　　ウ　大友氏　　エ　有馬氏　　オ　松浦氏

□ **問2**　下線部bに関連して，以下の（い）〜（に）を年代順に並べたものとして正しいものはどれか。
　　（い）　刀狩令が発令された。
　　（ろ）　秀吉が関白となり，藤原に改姓した。
　　（は）　小田原攻めがおこなわれた。
　　（に）　小牧・長久手の戦いがおこった。
　　ア　（い）→（ろ）→（は）→（に）　　イ　（い）→（ろ）→（に）→（は）
　　ウ　（ろ）→（い）→（に）→（は）　　エ　（に）→（ろ）→（い）→（は）
　　オ　（に）→（は）→（い）→（ろ）

□ **問3**　下線部cに関する説明として**誤っているもの**はどれか。
　　ア　朝鮮出兵の基地として名護屋城が築かれた。
　　イ　慶長の役では，朝鮮半島南部を支配しようとした。
　　ウ　文禄の役では，碧蹄館の戦いで日本軍が大敗した。
　　エ　日明間の講和交渉では，明から秀吉を日本国王に封ずるという国書がきた。
　　オ　朝鮮各地では，両班に率いられた義兵が決起した。

□ **問4**　下線部dに関する説明として**誤っているもの**はどれか。
　　ア　琉球の版図から奄美諸島と先島諸島が分割され，薩摩藩の直轄地となった。
　　イ　琉球は，将軍の代替わりごとに，慶賀使を幕府に派遣した。
　　ウ　琉球は，薩摩藩の監督のもと，国王の代替わりごとに謝恩使を幕府に派遣した。
　　エ　薩摩藩は，征服後の琉球に検地・刀狩をおこなった。
　　オ　薩摩藩は，琉球が中国との朝貢貿易で得た生糸や，琉球産の黒砂糖などを納めさせた。

4 次の文章を読み，下記の問いに答えよ。 （早稲田大）

　東アジアのレベルでは貿易や交流は活発であった。そうした交流の機会の一つが，朝鮮使節の来航である。もともと，この使節は　ア　と呼ばれ，日本からの国書（実は対馬藩による偽書）への対応と，豊臣政権による朝鮮侵略の際，日本へ連行された朝鮮人捕虜の返還を企図した使節であった。そして，日本がさらなる出兵を企図しているかどうかを探る国情視察の意図もあったとされる。その後，この使節は「信」を通じるという意味の　イ　と呼ばれ，友好を目的に来航するようになる。明暦元年（1655）の回以降は，明確に将軍襲職祝賀が目的となった。この使節には，当時の朝鮮を代表する学者や文人が随行し，　イ　が通過する沿道では，ゥ日本の学者・文人との交流が見られた。財政難を理由に対馬にて使節を迎える儀礼を行った，文化8年（1811）の回を最後に使節派遣は停止されたが，江戸時代を通じて，この使節が日朝関係の安定に寄与したことは間違いない。

☐ **問A**　空欄アと空欄イに入る語の組み合わせとして，正しいものはどれか。
　　1．ア－回答兼刷還使　　イ－謝恩使
　　2．ア－回答兼刷還使　　イ－通信使
　　3．ア－慶賀使　　イ－回答兼刷還使
　　4．ア－慶賀使　　イ－通信使
　　5．ア－慶賀使　　イ－謝恩使

☐ **問B**　下線部ウに関連して，17世紀末期から18世紀前期にかけて対馬藩の儒者として重要な役割を果たした人物は誰か。
　　1．雨森芳洲　　2．木下順庵　　3．熊沢蕃山
　　4．野中兼山　　5．伊藤仁斎

クエスチョン　ここに注意‼　近世1

Q1　フランシスコ＝ザビエルと一緒に来日した宣教師は？
　→**トルレス**である。大村純忠はトルレスから洗礼を受けた。

Q2　織田信長が安土山下町に楽市令を出したが，最も早い例は1549年，城下町石寺新市に出した楽市令とされる。出したのは何氏か？
　→近江の**六角氏**（六角義賢）である。

Q3　1596年のサン＝フェリペ号事件を契機に26聖人殉教がおこったが，処刑されたスペイン人宣教師のリーダーは誰か？
　→**ペドロ＝バプティスタ**である。

Q4　朝鮮出兵に反対して一揆を起こした島津氏の家臣は？
　→**梅北国兼**である。この一揆を梅北一揆という。

13 江戸時代　前期2

1　次の文章を読み，下記の問いに答えよ。　　　　　　　　　（中央大）

　3代将軍徳川家光が1651年に死去し，その子の①家綱が将軍となった。将軍就任当時幼少であった家綱は，成人後の1663年に武家諸法度をだし，大名にその遵守を求め，さらにその翌年には領知　1　状を発給した。これらはいずれも将軍家綱と大名の主従関係を再確認するものであった。

　家綱の治世のはじめのころは，家光の弟で会津藩主である　2　や，家光時代以来の老臣らが幼少の将軍をささえていたが，のちには②下馬将軍とよばれた大老が実権を握り権勢をふるった。

　家綱には男子がなく，1680年に家綱が亡くなると，家綱の弟の③綱吉が5代将軍となった。綱吉は，　3　騒動のひとつである越後高田藩の内紛をみずから裁いたり，農政に力を注ぐなど，政治に積極的に取り組んだ面もあったが，他方で生類憐みの令を強制したり，老中と将軍の間の連絡にあたる　4　をおいて重用するなどしたため不評をかったりもした。

　綱吉は儒学に関心が深く，林家が祀っていた　5　廟や林家の私塾を湯島に移して整え，林信篤を　6　に任じるなど儒学を奨励した。1684年に綱吉は，喪の期間などを定めた　7　令を制定したが，これは儒教的な親族間の上下関係を制度化しようとするものであった。綱吉は，たとえば北村季吟を　8　方とするなど，儒学以外の学問にも関心を示した。また，仏教にも深く帰依した。

　綱吉の治世のころは④新しい文化が生まれてきた時代でもあった。演劇の世界では⑤人形浄瑠璃や歌舞伎が庶民の娯楽として発展した。学問の世界では儒学や国学などのほか⑥自然科学の分野でも多くの成果がみられた。

□ **問1**　文中の空欄　1　～　8　に入るもっとも適切な語・人名を漢字で答えよ。

□ **問2**　次のうち下線部①の家綱の時代のできごとであればイ，そうでなければ口と答えよ。
- a　対馬藩主宗氏と朝鮮との間に己酉約条が結ばれた。
- b　シャクシャインの戦いがおきた。
- c　諸社禰宜神主法度が制定された。

□ **問3**　次のうち下線部②の大老にあたる人物を1人選べ。
- a　前田利家　　b　松平信綱　　c　堀田正俊　　d　酒井忠清

□ **問4**　次のうち下線部③の綱吉の政治の説明として正しいものにはイ，そうでないものには口と答えよ。
- a　真鍮座を設け，運上金を納めさせた。
- b　オランダ船および中国船との年間貿易額に上限を設けた。
- c　小判ばかりでなく銀貨についても従来より品位の劣る通貨を発行した。

□ **問5** 下線部④に関連する説明文として正しいものにはイ，誤っているものには口
と答えよ。

    a　本阿弥光悦は尾形光琳の画風を発展させ装飾画を大成した。

    b　松尾芭蕉は旅を重ね，『笈の小文』や『奥の細道』などの作品を残した。

    c　宮崎友禅は権現造とよばれる新しい建築様式を考案した。

□ **問6** 下線部⑤に関連する説明文として正しいものにはイ，誤っているものには口
と答えよ。

    a　かぶき踊りは芳沢あやめがはじめたものである。

    b　竹本義太夫，辰松八郎兵衛らがあらわれ，人形浄瑠璃の人気をもりあげた。

    c　近松門左衛門は世話物のほかに『国性爺合戦』などの武家物とよばれる脚
本を書いた。

□ **問7** 下線部⑥に関連する説明文として正しいものにはイ，誤っているものには口
と答えよ。

    a　安井算哲は平安時代から用いられていた暦に代わる貞享暦をつくった。

    b　貝原益軒が灰吹法を発明し，これにより銀の産出量の増加傾向に拍車がか
かった。

    c　関孝和は代数学のほか円周率などの研究を進めた。

2 **次の文章を読み，下記の問いに答えよ。**　　　　　　　　　　（中央大）

　江戸時代になると貨幣制度がしだいに整えられ，やがて①中国からの輸入銭は使
われなくなった。幕府は②金座などで金貨・銀貨・銭貨のいわゆる三貨をつくり，
全国に流通させた。もっとも，江戸をはじめ東日本では主に金貨が決済に使われ，
大坂をはじめ西日本では主に銀貨が使われた。また，銭貨は少額の取引に用いられ
た。③三貨のほかに藩が発行する紙幣（藩札）もあった。

　金貨・銭貨は　 1 　貨幣であったのに対し，　 2 　とよばれる大きめの銀貨
も豆板銀とよばれる小型・補助用の銀貨も秤量貨幣であった。④のちに金貨の単位
で額面が表示される銀貨も発行されるようになったが，秤量貨幣が廃止されたわけ
ではなかった。銭貨である　 3 　の発行は将軍家光の時代に始まった。これは当
初1枚1文として発行されたが，のちに四文銭もつくられた。

　三貨それぞれの単位は異なっていたから，幕府は1609年に三貨の交換比率を公
定し，⑤1700年にそれを改定する法令をだした。しかし，実際にはそのときどきの
相場にもとづいて両替がおこなわれていた。国内の金遣い経済圏と銀遣い経済圏と
の流通を円滑にするうえで両替商がはたした役割は大きかった。

　江戸時代には貨幣の改鋳がしばしばおこなわれた。貨幣の改鋳の際に品位を落と
すことが多かった。これによる差益は　 4 　とよばれたが，この差益により幕府
は多額の収益を得ることができた。　 5 　は，その著書『夢の代』で貨幣改鋳の
弊害を指摘している。もっとも，貨幣改鋳には，財政補填ばかりではなく，通貨量
を増加させて経済を活性化するという目的があったのではないかともみられてい
る。

□ **問1** 文中の空欄 1 ～ 5 に入るもっとも適切な語・氏名を漢字で答え
よ。

□ **問2** 下線部①に関連する説明文として正しいものにはイ，誤っているものには口
と答えよ。

　　　a 室町時代になっても洪武銭などの宋銭が使われていた。

　　　b 室町時代に輸入銭を模倣した粗悪な私鋳銭が国内でつくられた。

　　　c 織田信長は銭貨の流通を統制する撰銭令をだした。

□ **問3** 下線部②に関連する説明文として正しいものにはイ，誤っているものには口
と答えよ。

　　　a 後藤祐乗が江戸に招かれ小判をつくったのが金座の始まりとされている。

　　　b 天正大判は江戸幕府発行の金貨である。

　　　c 三貨のうち銭貨を鋳造したのは銅座である。

□ **問4** 下線部③に関連する説明文として正しいものにはイ，誤っているものには口
と答えよ。

　　　a 江戸幕府は経済政策に影響するため藩札の発行を許可したことはなかっ
　　　　た。

　　　b 福井藩のように藩札を発行しなかった藩もあった。

　　　c 江戸時代には藩札以外に，私札とよばれる紙幣も流通していた。

□ **問5** 田沼期に発行が開始された下線部④のような銀貨には「以南鐐 A 片換
小判一両」とあるが，この空欄 A に入る漢数字として適切なものを次のな
かから選べ。

　　　a 弐　　b 四　　c 八　　d 拾六

□ **問6** 下線部⑤の1700年の法令では金1両は銀何匁にあたるとされたか。適切な
ものを次のなかから選べ。

　　　a 40匁　　b 50匁　　c 60匁　　d 80匁

---

3 次のA～Dの文を読んで，設問に答えよ。　　　　　　　　　（法政大）

A 江戸幕府は，全国支配をかためるうえから，江戸を中心として交通路や宿駅の
制度を整備した。参勤交代の制度化は交通の発達を大いに促進し，また諸産業の
発展と都市の発達とは物資の輸送を盛んにした。なかでも a五街道は，江戸日本
橋を起点とする重要な幹線道路で，幕府の直轄下におかれた。

□ **問1** 下線部aの説明として**誤っている**ものを，次の中から一つ選べ。

　　　ア 東海道には，江戸・京都間に53の宿駅があり，東海道五十三次（継）と
　　　　いわれた。また大津から大坂に至る京街道の4宿を含める見方もある。

　　　イ 中山道は，江戸より関ヶ原まで55宿であり，その先の守山で東海道と合
　　　　流し，京都まで59宿ともいわれる。

　　　ウ 甲州道中は，江戸日本橋から八王子・甲府をへて，下諏訪で中山道と合流
　　　　した。

　　　エ 日光道中は，江戸・日光間に21の宿駅があり，途中に利根川の渡船場で

ある房川渡があった。

オ　奥州道中は，江戸と奥羽地方を結ぶ幹線路で，宿駅は宇都宮の先から10の宿駅があった。千住・宇都宮間は日光道中を兼ねた。

B　幕府や諸藩は，17世紀初めから大規模な治水・灌漑工事を各地でおこない，用水の体系を整備した。また商人の資力も利用して，海岸部・湖沼・大河川の下流などを耕地として開発させ，積極的に b 新田開発をおこなった。

□ **問2**　下線部bの説明として**誤っているもの**を，次の中から一つ選べ。

ア　干潟を干拓した新田開発には，児島湾や有明海のものがあった。

イ　摂津川口新田の大部分は，大坂やその周辺の町人が請け負って開発したもので，その石高は約1万5000石におよんだ。

ウ　武蔵国足立郡の見沼新田の開発は，享保年間，利根川から分水した見沼代用水の開削とともに進められた。

エ　元禄年間，越前の紫雲寺潟が干拓され，100以上の新田村ができた。

オ　湖沼を干拓した新田には，下総椿海のものがあった。

C　近世日本の鉱山業は，その初期には c 金銀山が中心であったが，しだいにその産出量が減少した。かわって，17世紀後半になると銅の産出量が増加した。

□ **問3**　下線部cに関連し，近世日本の鉱山の説明として**誤っているもの**を，次の中から一つ選べ。

ア　石見大森銀山は，現在の島根県にあり，江戸幕府が銀山周辺を直轄領とした。

イ　但馬生野銀山は，現在の兵庫県にあり，織田信長・豊臣秀吉・徳川家康が直轄とした。

ウ　佐渡相川の金・銀山は，現在の新潟県にあり，江戸幕府が直轄とした。

エ　下野足尾銅山は，現在の栃木県にあり，江戸幕府の銅山として17世紀が最盛期であった。

オ　出羽院内銀山は，現在の山形県にあり，江戸幕府が直轄とした。

D　マニュファクチュア（工場制手工業）とは，機械制大工業以前の産業資本の生産形態で，一部の地主や問屋（商人）が家内工場を設けて，奉公人（労働者）を集め，分業と共同作業によって生産の能率をあげるものであった。17世紀にすでに酒造業でみられ，19世紀には綿織物業や d 絹織物業などでみられた。

□ **問4**　下線部dに関して，絹織物と生産地の組み合わせとして**誤っているもの**を，次の中から一つ選べ。

ア　西陣織－山城国　　イ　上田紬－信濃国　　ウ　結城紬－下総国

エ　久留米絣－筑前国　　オ　米沢織－出羽国

14 江戸時代　後期1

1 次の史料とその解説文を読み，下記の問いに答えよ。　　　　（早稲田大）

　…昔ハ在々（注）ニ銭殊ノ外ニ払底ニテ，一切ノ物ヲ銭ニテハ買ハズ，皆米麦ニ
テ買タルコト，ₐ某田舎ニテ覚タル事也。近年ノ様子ヲ聞合スルニ，ｂ元禄ノ頃ヨリ
田舎ヘモ銭行渡モ，銭ニテ物ヲ買コトニ成タリ。（中略）
　…当時ハ。旅宿ノ境界ナル故，金無テハナラヌ故，米ヲ売テ金ニシテ，商人ヨリ物
ヲ買テ日月ヲ送ルコトナレバ，　　Ａ　　主ト成テ　　Ｂ　　ハ客也。故ニ諸色ノ直段，
武家ノ心儘ニナラヌ事也。武家皆知行所ニ住スルトキハ，米ヲ売ラズニ事スム故，
商人米ヲホシガル事ナレバ，　　Ｂ　　主ト成テ　　Ａ　　ハ客也。去バ諸色ノ直段ハ
武家ノ心ママニナル事也。是皆古聖人ノ広大甚深ナル智恵ヨリ出タル万古不易ノ掟
也。

　　　　（注）　在々：在所。いなか。

　17世紀後半から18世紀初頭にかけての時代は，元和偃武以降の「太平の世」が
長く続くなか，社会の様相が変化して，江戸幕府の政治体制もその転換点に立った
時期にあたる。上の史料はその頃に成立したもので，幕府政治の現状とその問題点，
ならびにそれを解決するための方策について，江戸中期を代表する儒学者が意見を
述べ，将軍に献上した書の一節である。

　史料中に「某田舎ニテ覚タル事也」とあるように，その儒学者は14歳のとき父
の流罪のため一家で上総国へ移り，青年期の10年以上をその地で過ごした。彼は
その農村暮らしのなかで，学問上の師もないまま乏しい書籍を精読することによっ
て，のちにₐ古文辞学派として一門を形成するにいたる独自の学問の方法論を鍛え
た。また民間の生活の実情を自ら見聞したことから現実政治にも関心を持ち，民間
の目線に立ってこの政治改革論を著した。

- ☐ **問1**　史料の出典は何か，その書名を漢字で答えよ。
- ☐ **問2**　　　Ａ　　と　　Ｂ　　に入る語を，史料中から見つけ出し，それぞれ漢字2字
  で答えよ。
- ☐ **問3**　下線部ａの人物が開いた塾はどれか。
  - 　　ア　古義堂　　イ　蘐園塾　　ウ　藤樹書院　　エ　適塾　　オ　咸宜園
- ☐ **問4**　下線部ｂの時代の出来事をすべて選べ。
  - 　　ア　赤穂事件がおこった。　　　　　　イ　富士山が大噴火をおこした。
  - 　　ウ　松尾芭蕉が奥の細道の旅に出た。　エ　仮名手本忠臣蔵が初演された。
  - 　　オ　由井正雪の乱がおこった。　　　　カ　海舶互市新例が出された。
- ☐ **問5**　下線部ｃの説明として正しいものはどれか。
  - 　　ア　都市の民衆に湯治や寺社参詣などの旅が流行している状況
  - 　　イ　多数の民衆が伊勢神宮に参詣する御蔭参りが爆発的におこる状況
  - 　　ウ　商品流通経済が発展して街道が物や人であふれる状況

エ　武家が領地を離れて城下町に集住している状況

オ　武家が江戸を離れて田舎に暮らしている状況

☐ **問6**　下線部dにあてはまる人物はだれか。

　　ア　太宰春台　　イ　伊藤東涯　　ウ　熊沢蕃山

　　エ　山鹿素行　　オ　山片蟠桃

2　**次の史料を読み，下記の問いに答えよ。**　　　　　　　（慶應義塾大）

　近年金銀出入段々多く成り，評定所寄合の節も此の儀を専ら取り扱ひ，公事訴訟ハ末に罷り成り，評定の本旨を失ひ候。借金銀・買懸り等の儀ハ，人々（　A　）の上の事ニ候得バ，今よりは三奉行所ニて済口の取り扱ひ致す間敷候。併しながら，欲心を以て事を巧み候出入ハ，不届を糺明いたし，御仕置申し付くべく候事。

　　（注）　金銀出入：金銀貸借に関する訴訟。金公事。　　（原文を一部修正）

　　　　　公事訴訟：金公事を除いた民事訴訟。

　　　　　買懸り・買掛り：掛け（つけ）払いで買うこと。

　　　　　済口：解決すること。

☐ **問1**　史料が発布された時の将軍は誰か，氏名を記せ。

☐ **問2**　史料は西暦何年に発布されたか。

☐ **問3**　問1の将軍の時代，商工業の統制を目的として，幕府は同業者組織を広く公認し，営業の独占権を認めるようになった。こうした同業者組織を何というか，記せ。

☐ **問4**　問1の将軍の時代，年貢増徴を目的として，幕府は商業資本による開発事業を奨励したが，こうして開発された耕地は何と呼ばれるか，その名称を漢字6文字で記せ。

☐ **問5**　空欄（　A　）にふさわしい語を漢字2文字で記せ。

☐ **問6**　金銀を借りた人々として，この法令の中で想定されているのは主にどのような人々か，記せ。

3　**次の史料を読み，下記の問いに答えよ。なお，史料は一部省略したり，書き改めたところがある。**　　　　　　　　　　　　　　　　　　　（関西学院大）

　a越中守，御老中仰付けられ，b主殿頭の悪習をため直さんと仕り候。志はよろしく候へ共，世人初めて見込み候と違ひ器量少く，学問に名之有り候てもいまだ文面にかゝわる事をまぬかれず。世を安んずべき深意の会得疎にて，片端より押直さんと仕り，たとへば手にてもみ立候如く瑣細に取動し候故，大小の罪科夥敷出来り，猶も隠密・横目のもの，いたらざるくまもなく穿鑿し出し，諸事疑心をはなれ候は之無く，利を専一と仕り候事は主殿頭に上越し，聚斂益重く，士民一同大に望を失ひ，却て田沼を恨み候は，うしとみし世ぞ今はこひしき，当時よりは，あきはてたる田沼のかた，はるかましなりと申し合わせ候は，能々の事に御座候。

□ 問1　下線部aの人物として，正しいものを下記より選べ。
　　　ア．松平定信　　イ．水野忠邦　　ウ．松平武元　　エ．井伊直弼
□ 問2　下線部aの人物のとった政策として，**誤っているもの**を下記より選べ。
　　　ア．朝鮮通信使に対する待遇を簡素にし，応接に要する費用を節減した。
　　　イ．債務返済に窮した旗本・御家人の救済を目的として，札差たちに債務を破
　　　　　棄させるなどした。
　　　ウ．政治を批判したり，風刺したりする出版物の刊行を禁じ，著者や出版元を
　　　　　処罰した。
　　　エ．治安対策と，無宿人などの授産・更正を目的とし，石川島に人足寄場をつ
　　　　　くった。
□ 問3　下線部bの人物のとった政策として，正しいものを下記より選べ。
　　　ア．幕府の歳入を増やすため，小判の改鋳を行ない，金の含有量を減らした小
　　　　　判の発行を増やした。
　　　イ．大名たちから石高1万石あたり米100石を臨時に幕府に納めさせ，その代
　　　　　わり参勤交代の負担を軽減した。
　　　ウ．相州警備を担当する川越藩の財政援助を目的として，川越・庄内・長岡の
　　　　　藩主を順に転封させようとした。
　　　エ．経済を活性化して税収を増やすことをもくろみ，商人や職人による株仲間
　　　　　結成を広く認めた。
□ 問4　下線部bの人物が幕府政治の実権を握っていた時期に起こったできごととし
　　　て，正しいものを下記より選べ。
　　　ア．明暦の大火により江戸の大部分が焼失した。
　　　イ．ロシア使節レザノフが長崎に来航し，通商を要求した。
　　　ウ．浅間山が大噴火し，大規模な飢饉が起こった。
　　　エ．アメリカ商船モリソン号が，日本の漂流民の送還と日本との通商を求める
　　　　　ために来航したが，幕府はこれを砲撃し，撃退した。
□ 問5　上の史料で批判された幕府政治を，その時代に風刺した狂歌として，正しい
　　　ものを下記より選べ。
　　　ア．世の中に蚊ほどうるさきものはなし　ぶんぶといひて夜もねられず
　　　イ．上げ米といへ上米は気に入らず　金納ならばしじうくろふぞ
　　　ウ．白河の岸打波に引換へて　浜松風の音の烈しさ
　　　エ．旗本に今ぞ淋しさまさりけり　御金もとらで暮すと思へば

4　次の文章を読んで，以下の問いに答えよ。なお，文中の空欄は解答しなくて
　　　よい。
　　　　　　　　　　　　　　　　　　　　　　　　　　　　　　　　（上智大）
　　1873年の夏，江戸時代に「大川」の呼称があった隅田川には，首や手のない人
間の死体がいくつも流れ着き，悪臭を放つようになりました。これは（中略）浅間
山の噴火による犠牲者たちでした。（中略）(1)当時の絵も残っていますが，すさま
じい噴火でした。関東や東北の空は，浅間山が吹き出す煙と灰におおわれ，日照時

間が極度に減少し，気温も異常に低下していきました。

　数年前より東北地方では凶作がつづいていましたが，そんなわけでこの年は，さらに植物の生育が悪く，麦は腐り，稲は青立ちのまま実を結びませんでした。

　大凶作はこうして始まり，空前絶後の飢饉が数年間にわたって関東，東北地方を襲うことになります。これを (2)「天明の飢饉」と呼びます。とくに (3) 東北の諸藩の被害は甚大でした。（中略）けれど，こういった東北地方にあって，ひとりも餓死者を出さなかった藩があります。それは（　　　）が藩主をしていた (4) 白河藩です。

（河合敦『世界一おもしろい江戸の授業』 一部改変）

□ **問1**　文章中の下線部（1）について，この当時の記録日記をもとに1885年に描かれた図を次から1つ選べ。
  ①　天明之飢饉図　　②　六道図　　③　荒歳流民救恤図
  ④　凶荒図録　　⑤　浅間山噴火夜分大焼之図

□ **問2**　江戸三大飢饉の中で，文章中の下線部（2）「天明の飢饉」以前に起きた飢饉の説明として**適切でないもの**を次から1つ選べ。
  ①　西日本一帯の飢饉であった。
  ②　飢餓民はおよそ200万人をかぞえた。
  ③　原因は長雨とウンカの害であった。
  ④　米価が4ないし5倍に騰貴し，江戸の打ちこわしの原因となった。
  ⑤　御救小屋を江戸市中21か所にもうけた。

□ **問3**　文章中の下線部（3）について，東北諸藩の中で，この飢饉でもっとも被害が甚大であり，20万とも30万ともいわれる死者を出した藩名を次から1つ選べ。
  ①　南部藩　　②　米沢藩　　③　仙台藩　　④　秋田藩　　⑤　松前藩
  ⑥　一関藩　　⑦　笠間藩　　⑧　盛岡藩　　⑨　津軽藩　　⑩　水戸藩

□ **問4**　文章中の下線部（4）にある白河藩は，藩主がリーダーシップをとり改革を成し遂げた例の一つである。同じく，天明期から寛政期にかけて藩政改革に乗り出した諸藩があった。その共通する要因として**含まれないもの**を，次から1つ選べ。
  ①　藩財政の引き締め。綱紀の引き締めと倹約奨励。
  ②　農村の復興，とくに特産物の生産奨励。
  ③　殖産興業・貿易の奨励。
  ④　財政収入増加のための専売制強化。
  ⑤　藩校設立による人材登用。

クエスチョン　ここに注意!!　近世2

　Q1　3代将軍徳川家光の諡号（死後に尊んで付けた称号）は？
　　→**大猷院**という。

15 江戸時代　後期2

1 次の史料を読み，下記の問いに答えよ。　　　　　　　　　　（早稲田大）

〔史料〕　大槻平次上書

　　私義，昔年　①　を編著仕候大槻玄沢と申者次男に御座候所，魯西亜国の義は……②文化年中，③使節レサノット〔レザノフ〕え論文御渡し……。

　　我国は……孤立せる一大島国にして，四面皆敵を受たり。若<ruby>魯<rt>もし</rt></ruby>西亜え隣好御結被ㇾ成候者ならば，無二此上も一与国外援にて，万世の後迄も，堅固長久の道に叶ひ可ㇾ申哉……。然る所，不ㇾ計も此節彼国より④使節渡来，通信等再願申立候は，実に我国の大幸とも可ㇾ申。……昨今，⑤筒井〔政憲〕・川路〔聖謨〕・荒尾〔成允〕諸賢公，⑥古賀〔謹一郎〕博士迄御選択に相成，遙々<ruby>崎陽<rt>はるばる</rt></ruby>迄被二差遣一候……。

　　万一此度も……通信等一切御断に相成候歟，又は⑦御代替吉凶御大礼等の廉を以，一両年も御猶予被二仰入一候様の事にも候はゞ，乍ㇾ恐機会も後れ候て，彼等心中如何変り可ㇾ申も難ㇾ計，其内には米利幹は勿論，英吉利等迄も，通商願に事寄，連々近海え渡来仕候事も候ては，実以多端の義，一日も御安堵の期は有二御座一間敷候。……

□ **問1**　空欄①に入るものはどれか。
　　　　ア　『環海異聞』　　　イ　『采覧異言』　　　　ウ　『新訂万国全図』
　　　　エ　『航海遠略策』　　　オ　『辺要分界図考』

□ **問2**　下線部②に成立した文芸・工芸作品はどれか。
　　　　ア　「七難七福図」　　　イ　「春色梅児誉美」　　　ウ　「東海道五十三次」
　　　　エ　「椿説弓張月」　　　オ　「野ざらし紀行」

□ **問3**　下線部③についての記述として**誤っているもの**はどれか。
　　　　ア　フィンランド湾から大西洋を渡り，アメリカ大陸南端を通過，ハワイを経由してカムチャッカに至る大航海を経て日本に到達した。
　　　　イ　長崎に来航し，通商を求めた。
　　　　ウ　津太夫らの日本人漂流民を送還したが，幕府はその受け入れを拒否した。
　　　　エ　幕府に要求を拒絶された報復として，帰路，樺太や択捉島などの日本人入植地を攻撃した。
　　　　オ　ロシアの宮廷につかえ，また，露領アメリカ会社の総支配人でもあった。

□ **問4**　下線部④は誰か。

□ **問5**　下線部⑤の両名が1855年2月（安政元年12月）に下田で調印した条約は何か。漢字で記せ。

□ **問6**　下線部⑥の祖父は古賀精里である。精里がかかわった寛政異学の禁についての記述として**誤っているもの**はどれか。
　　　　ア　当時，古学派儒学や折衷学派も影響力を保持しており，異学の禁に対する反対論が起った。

イ　頼春水や西山拙斎などの活動が，幕府の文教政策に影響を及ぼしていた。

ウ　異学の禁を契機に，朱子学を教授する藩校が増加した。

エ　林家の門人で，異学の禁後に幕府の儒臣となった佐藤一斎は，陽明学への関心を持ち続け，「陽朱陰王」と言われた。

オ　幕府は，林家の学問所や各地の私塾における朱子学以外の学問の教授を禁止した。

□ **問7**　下線部⑦で将軍に就いたのは誰か。

ア　徳川家斉　　イ　徳川家定　　ウ　徳川家継

エ　徳川家茂　　オ　徳川家慶

2　**次の文章は江戸時代後期の各藩改革の状況を示している。下記の問いに答えよ。**

（上智大）

19世紀に入ると，商品生産地域では（　A　）が生産者に資金や原料を前貸しして生産を行わせる（　B　）工業がいっそう発展し，一部では作業場を設けて，主家の家業・家事に従事する（　C　）を集め，分業と協業による生産を行うようになった。これを（　D　）工業といい，摂津の伊丹，池田，灘などの（　E　）業で早くからこのような経営がみられた。大坂周辺や京都の（　F　），尾張の（　G　）業，北関東の（　H　），足利などの（　I　）業では，数十台の高機と数十人規模の織屋が登場してきた。農村荒廃の一方で，資本主義的な工業生産の着実な発展がみられるなど，社会，経済構造の変化は幕藩領主にとっては体制の危機であった。農村の荒廃に対しては，小田原藩領，下野桜町領，常陸や日光山領などで行われた（　a　）の報徳仕法，下総香取郡長部村で行われた（　b　）の性学などのように，荒廃した田畑を回復させ農村を復興させようとする試みがある。諸藩も領内の一揆，打ちこわしの多発や藩財政の困難など，藩政の危機に直面していた。そうしたなか，各藩では，改革の機運がたかまった。

薩摩藩は，藩主（　c　）が（　d　）を登用した。三都の商人からの500万両の負債を無利息250年という長期年賦返済で事実上棚上げして処理した。奄美大島（大島，徳之島，喜界島）の（　J　）の専売制を強化した。琉球王国との貿易は増大した。島津斉彬は洋式工場群である（　K　）を建設した。

長州藩は，藩主（　e　）が（　f　）を登用するなどし，銀8.5万貫（約140万両）の負債を37カ年賦返済で整理した。紙，蠟の専売制を改革するとともに，下関に越荷方をおいて，廻船の積荷の委託販売をして利益を得た。

肥前では，藩主（　g　）が改革を実施した。均田制の実施などによって，本百姓体制を再建した。（　L　）の専売を進め，反射炉，大砲製造所などを設け，軍備の近代化をはかった。

土佐藩では，藩主（　h　）の改革があった。改革派おこぜ組が支出の緊縮を行い財政再建につとめるが失敗した。その後，（　i　）らが登用された。

水戸藩では，藩主徳川斉昭の改革が功を奏した。（　j　），会沢安らを登用し，全領の検地を実施した。藩校として（　M　）を設立した。藩内保守派の反対で改

革は不成功に終わった。

□ **問1**　文章中の空欄（　A　）〜（　M　）に当てはまるもっとも適切な語句を次から1つずつ選べ。
 ① 専売商人　 ② 山科　 ③ 陶磁器　 ④ 館林
 ⑤ 集成館　 ⑥ 海産加工　 ⑦ 工場制手　 ⑧ 焼酎
 ⑨ 興譲館　 ⑩ 酒造　 ⑪ 金属器　 ⑫ 西陣
 ⑬ 反射炉　 ⑭ 問屋商人　 ⑮ 綿織物　 ⑯ 桐生
 ⑰ 蠟生産　 ⑱ 前橋　 ⑲ 問屋制家内　 ⑳ 絹織物
 ㉑ 烏丸　 ㉒ 弘道館　 ㉓ 奉公人　 ㉔ 黒砂糖
 ㉕ 仲買商人　 ㉖ 石川島造船所　 ㉗ 漆器　 ㉘ 明倫館
 ㉙ 海産物　 ㉚ 製紙

□ **問2**　文章中の空欄（　a　）〜（　j　）に当てはまるもっとも適切な人名を次から1つずつ選べ。
 ① 吉田東洋　 ② 平田篤胤　 ③ 西川如見　 ④ 村田蔵六
 ⑤ 大久保利通　 ⑥ 高杉晋作　 ⑦ 大原幽学　 ⑧ 毛利隆元
 ⑨ 中江藤樹　 ⑩ 熊沢蕃山　 ⑪ 毛利敬親　 ⑫ 島津久光
 ⑬ 伊達宗城　 ⑭ 上杉治憲　 ⑮ 細川重賢　 ⑯ 山内豊信
 ⑰ 山内一豊　 ⑱ 安藤昌益　 ⑲ 井上馨　 ⑳ 島津貴久
 ㉑ 二宮尊徳　 ㉒ 間宮林蔵　 ㉓ 高田屋嘉兵衛　 ㉔ 調所広郷
 ㉕ 西郷隆盛　 ㉖ 坂本竜馬　 ㉗ 毛利元就　 ㉘ 伊藤博文
 ㉙ 村田清風　 ㉚ 荻生徂徠　 ㉛ 石田梅岩　 ㉜ 島津重豪
 ㉝ 藤田東湖　 ㉞ 田中丘隅　 ㉟ 関孝和　 ㊱ 鍋島直正
 ㊲ 工藤平助　 ㊳ 本多利明　 ㊴ 勝海舟　 ㊵ 新見正興

3　**次の史料を読み，下記の問いに答えよ。**　　　　　　　　　（法政大）
A　当世の俗習にて，異国船の入津ハ　(a)　に限たる事にて，別の浦江船を寄ル事ハ決して成らざる事ト思リ。実に太平に鼓腹する人ト云ふべし。……海国なるゆへ何国の浦江も心に任せて船を寄らゝ事なれば，東国なりとて曾て油断は致されざる事也。……細カに思へば江戸の日本橋より唐，阿蘭陀迄境なしの水路也。
B　……日本は海国なれば，渡海・運送・交易は，固より (b) **国君**の天職最第一の国務なれば，万国へ船舶を遣りて，国用の要用たる産物，及び金銀銅を抜き取て日本へ入れ，国力を厚くすべきは海国具足の仕方なり。
 〈備考〉各史料とも必要に応じて，一部省略したり，表記を改めたりしたところがある。

□ **問1**　史料Aの　(a)　に入る語句を次のア〜オから選べ。
 ア　下田　 イ　長崎　 ウ　平戸　 エ　新潟　 オ　箱館
□ **問2**　史料Aは，ある人物が著した著書の一部である。この人物とこの著書の組み

合わせとして正しいものを次のア～オから選べ。

   ア　山片蟠桃―『夢の代』　　　イ　新井白石―『西洋紀聞』

   ウ　安藤昌益―『自然真営道』　　エ　林子平―『海国兵談』

   オ　桂川甫周―『北槎聞略』

□ **問3**　史料Aの著者は，この著書などによって幕府から処罰を受けた。この時期，幕府の出した出版統制令によって処罰を受けた人物を下記のア～カからすべて選べ。

   ア　大田南畝　　イ　曲亭馬琴　　ウ　式亭三馬

   エ　恋川春町　　オ　山東京伝　　カ　上田秋成

□ **問4**　史料Bに関する次の文章の　①　～　④　に入る語句として，最も適切なものを下記のア～サから選べ。

   史料Bは，　①　が1798年に著した　②　の一部である。この時期になると，封建制の維持あるいは改良を説く現実的な経世思想が活発になった。商売をいやしめる武士の偏見を批判し，藩財政の再建のためには商品経済の発展をもたらす殖産興業が必要であることを説いた　③　や，『経済要録』などを著した　④　も経世家として知られる。

   ア　海保青陵　　　イ　富永仲基　　ウ　荻生徂徠　　　　エ　本多利明

   オ　藤田東湖　　　カ　佐藤信淵　　キ　『経世秘策』　　ク　『農政本論』

   ケ　『柳子新論』　コ　『新論』　　サ　『稽古談』

□ **問5**　史料Bの下線部（b）は，ここでは「将軍」を意味するが，具体的にだれを指すことになるのか，下記のア～オから選べ。

   ア　徳川家斉　　イ　徳川家茂　　ウ　徳川慶喜

   エ　徳川家慶　　オ　徳川家定

Q? クエスチョン　ここに注意!!　近世3

Q1　対馬藩のお家騒動から発覚した日朝両国国書偽造発覚事件とは？
→**柳川一件**である。

Q2　5代将軍徳川綱吉の時の最初の側用人は誰か？
→**牧野成貞**である。

Q3　典型的仮名草子である『二人比丘尼』の著者で，キリスト教根絶を志した僧は誰か？
→**鈴木正三**である。

Q4　徳川吉宗が8代将軍に就任する際に，有馬氏倫がついた将軍と老中の取次役のことを何というか？
→**御用取次**である。廃止された側用人の機能を引き継いだ。

Q5　蛮社の獄のきっかけをつくった幕臣（目付）は誰か？
→**鳥居耀蔵**である。このあと江戸南町奉行に就任。

解答・解説：別冊 p.32

16 幕末

1 次の文章を読み，下記の問いに答えよ。　　　　　　　　　（立教大）

　アメリカ総領事のハリスは，清国がイギリス・フランスと1858年に〔　あ　〕条約を結ぶと，幕府に英・仏の脅威を説いて通商条約への調印をせまった。大老の井伊直弼は，1858年，勅許を得られないまま日米修好通商条約に調印した。幕府は，1860年に条約批准のため，外国奉行〔　い　〕を首席全権としてアメリカに派遣した。

　日本は，1859年に横浜（神奈川）・（　イ　）・箱館の3港を開港し，欧米諸国との貿易を開始した。日本からは農水産物やその加工品が多く輸出され，繊維製品や軍需品が輸入された。貿易は大幅な輸出超過となり，物価がいちじるしく上昇するとともに国内産業や商品流通に大きな影響を及ぼした。

　物価上昇は，庶民の生活を圧迫し，貿易に対する反感を高めた。このことは攘夷運動の一因ともなり，ハリスの通訳であったオランダ人の〔　う　〕が江戸で薩摩藩の浪士に殺された。また1862年には，神奈川宿に近い（　ロ　）村で，江戸から帰る途中であった薩摩藩の島津久光の行列を横切ったイギリス人が殺傷された。その後，薩摩藩はこの事件の報復として，1)1863年にイギリスに攻撃された。

　この間，人々のあいだに社会不安が広がり，各地で2)民衆宗教がおこった。また，幕府や諸藩による3)西洋の文化や技術の摂取も進んだ。

☐ **問A**．文中の空所（　イ　）・（　ロ　）それぞれにあてはまる適当な語句をしるせ。

☐ **問B**．文中の空所〔　あ　〕〜〔　う　〕にあてはまる適当な語句を，それぞれ対応する次のa〜dから1つずつ選べ。

　　〔　あ　〕　a．上海　　　　　b．天津　　　　c．南京　　　　d．北京
　　〔　い　〕　a．勝海舟　　　　b．新見正興　　c．伊達宗城　　d．松平慶永
　　〔　う　〕　a．ヒュースケン　b．ビッドル　　c．ベルツ　　　d．ホフマン

☐ **問C**．文中の下線部1）〜3）にそれぞれ対応する次の問1〜3に答えよ。

　1．これに関する記述として正しいのはどれか。次のa〜dから1つ選べ。
　　a．イギリスに接近する開明政策に転換した
　　b．島津久光は責任をとって隠居した
　　c．調所広郷が薩摩藩の財政改革を断行した
　　d．幕府の出兵命令に従って，第二次長州征伐に兵を出した

　2．このうち川手文治郎（赤沢文治）を創始者とするのを何と呼ぶか。

　3．これに関する記述として正しいのはどれか。次のa〜dから1つ選べ。
　　a．講武所では箕作阮甫らの著名な洋学者が洋学研究にあたった
　　b．幕府は本多利明の提言をいれて長崎に台場を設けた
　　c．蕃書調所は洋書調所を経て開成所となった
　　d．横須賀の海軍伝習所ではオランダから寄贈された軍艦で訓練を行った

2 次の文章を読み，下記の問いに答えよ。 （早稲田大）

　明治維新の起点となった開国は，その対応をめぐって_a支配層内部の分裂・抗争および諸外国との対立・戦争を引き起こすとともに，経済面では_b在来産業の破壊と再編や急激な物価高などの混乱をもたらし，そうした社会・経済的不安の下で_c「世直し」「世直り」を求める民衆運動・民衆宗教が高揚した。

□ **問1** 下線部aに関する事件A～Eを時代順に並べると，正しいものはどれか。

　　A　イギリスなど4国の連合艦隊が，下関の砲台を攻撃した。

　　B　高杉晋作らは奇兵隊などの諸隊を率いて挙兵し，長州藩の主導権を奪い返した。

　　C　島津久光が江戸からの帰途，薩摩藩士が行列を横切ったイギリス人を殺傷した。

　　D　会津藩と薩摩藩は，公武合体派の公家と結んで，長州藩と尊攘派公家を京都から追放した。

　　E　長州藩は勢力を回復するため藩兵を上京させたが，禁門（蛤御門）付近の戦闘で薩摩・会津の藩兵に敗れた。

　　ア　D→C→A→B→E　　イ　A→C→E→B→D

　　ウ　E→D→A→B→C　　エ　C→D→E→A→B

　　オ　D→E→A→C→B

□ **問2** 下線部bに関する説明として，**誤っているもの**はどれか。

　　ア　通商条約にもとづいて，1859年から横浜・長崎・箱館の3港で貿易が始まった。

　　イ　1860年代中ごろの横浜港における貿易額の国別割合は，アメリカとイギリスが大半を占めた。

　　ウ　主要輸出品の生糸は，輸出の増加に生産が追いつかず，国内消費用の生糸が欠乏した。

　　エ　安価な綿織物の大量輸入は，農村の手紡や後進機業地の織物業に大打撃を与えた。

　　オ　内外の金銀比価の違いから金が国外に大量流出したため，幕府は貨幣改鋳によってこれを防いだが，悪貨の発行は物価騰貴をもたらし，物価は開港後8年間で6倍以上に達した。

□ **問3** 下線部cの民衆宗教のうち，幕末に成立したものを3つ選べ。

　　ア　大本教　　　イ　黒住教　　　　ウ　金光教

　　エ　天理教　　　オ　ひとのみち

17 明治時代1

1 次の史料を読み，下記の問いに答えよ。 （青山学院大）

第一札　定　一　人タルモノ，　(1)　ノ道ヲ正シクスヘキ事

⑦第三札　定　一　切支丹邪宗門ノ儀ハ堅ク御制禁タリ。若シ不審ナル者コレ有ラ
ハ，其筋之役所ヘ申出ルヘシ。御褒美下サルヘク事

第四札　覚　今般，⑦王政御一新ニ付,朝廷ノ御条理ヲ追ヒ外国御交際ノ儀仰出サレ,
諸事朝廷ニ於テ直ニ御取扱成ラセラレ，⑦万国ノ公法ヲ以テ条約御履行在ラセラ
レ候ニ付テハ，全国ノ人民叡旨ヲ奉戴シ心得違コレ無キ様仰セ付ケラレ候。自今
以後猥リニ外国人ヲ殺害シ或ハ不心得ノ所業等イタシ候モノハ，朝命ニ悖リ御国
難ヲ醸成シ候而已ナラス，……皇国ノ御威信モ相立タス……

（『法令全書』）

□ **問1**　この史料の空欄　(1)　にあてはまる語句を，次の中から一つ選べ。
　　① 五倫　　② 仏教　　③ 神道　　④ 儒学

□ **問2**　下線⑦「第三札」の内容に関連して，この史料が布告された年に起こった弾
圧事件は，どこの教徒を弾圧したか，次の中から一つ選べ。
　　① 島原　　② 浦賀　　③ 平戸　　④ 浦上

□ **問3**　下線⑦「第三札」が撤去された背景として適切な説明を次の中から一つ選べ。
　　① 条約改正が実施され外国人の内地雑居を許可したことにともない，撤去さ
れることになった。
　　② 明治憲法の制定によって，信教の自由を保障したことから撤去された。
　　③ キリシタンの迫害に対する列国の抗議を受けたことから，撤去されること
になった。
　　④ 板垣退助・木戸孝允・大久保利通によるいわゆる「大阪会議」の結果によ
り，撤去が決定された。

□ **問4**　下線⑦「王政御一新」に関連して，この史料が出された年の閏四月に定めら
れた太政官制の説明について，**誤っているもの**を，次の中から一つ選べ。
　　① 神祇官を太政官の上位に位置づけた。
　　② アメリカ合衆国憲法にならい，三権分立制を取り入れた。
　　③ 高級官吏については，四年ごとに互選して交代させる規定とした。
　　④ 立法機関は，上局と下局で構成されていた。

□ **問5**　下線⑦「万国ノ公法」について，『万国公法』（1868年刊行）を幕府の命令
で訳した人物を，次の中から一つ選べ。
　　① 加藤弘之　　② 西周　　③ 津田真道　　④ 福沢諭吉

2 次の史料を読み，下記の問いに答えよ。 (早稲田大)

(あ)全国の高三千万石に過ぎず，而府県の管轄する処は八百万石とす。其二千二百万石は各藩の管轄たり。此大数を公算して全国守衛保護会計の標準とし正しく按算せずんば，(い)兵制何に由て更張するを得んや，百事何に依て振興するを得んや，二は国権何に依て更張するを得んや。国権立ずんば何時か独立不羈の姿柄を備へ万国と並立して対等の交際を遂るを得んや……此其実を挙る所以にして，而其更張振興せしむる基礎財政の一致にある也。故に旧政を改め弊事を去り，(う)無用不急の秩禄を削り，曠土浮民なからしめ，用に節し費を省き，其会計を公第し政府に供せざるべからず。

□ **問1** 下線部（あ）に関連した以下の出来事の起った順番について正しいものはどれか。
    ① 開拓使の廃止   ② 県令の任命
    ③ 肥前藩主の版籍奉還出願   ④ 家禄支給の開始
    (a) ④→①→③→②   (b) ①→②→③→④   (c) ③→④→②→①
    (d) ②→③→①→④   (e) ②→①→④→③

□ **問2** 下線部（い）に関連する以下の記述のうち，**誤っているもの**はどれか。
    (a) 1871年に着工した富岡製糸場は，フランスから輸入した新鋭機械を用いて生糸の生産を行った。
    (b) 明治政府は，1871年に新貨条例を定め，翌年には初の円単位の紙幣である太政官札を発行した。
    (c) 1877年には内務省の主催により上野で第1回内国勧業博覧会が行われた。
    (d) 明治政府は，旧藩営の高島，三池などの炭鉱を接収し，官営事業として経営した。
    (e) 1873年の徴兵令では，官吏，陸海軍学生，官立専門学校以上の学生，洋行修行中の者，戸主とその相続者，代人料270円以上の上納者は兵役が免除された。

□ **問3** 下線部（う）に関連して，金禄公債証書が発行されて秩禄が全廃された年に起った出来事を以下の中から**2つ**選べ。
    (a) 地租改正条例の公布   (b) 秋月の乱   (c) 江華島事件
    (d) 秩禄奉還の法の制定   (e) 国立銀行券の兌換停止

18 明治時代2

1 次の史料を読み，下記の問いに答えよ。 （早稲田大）

(1) 吾が郷里には自由民権の論客多く集まり来て，日頃兄弟の如く親しみ合へる，葉石久米雄氏……また其説の主張者なりき。氏は国民の団結を造りて，之が総代となり，時の政府に_a国会開設の請願をなし，諸県に先ちて民衆の迷夢を破らんとはなしぬ。……

　其歳〔注－1882年〕有名なる ┌ A ┐ 女史漫遊し来りて，_b三日間吾が郷に演説会を開きしに聴衆雲の如く会場立錐の地だも余さざりき。

(2) 先づ志士仁人に謀りて学資の補助を乞ひ，然る上にて遊学の途に上らばやと思定め，……窃かに出立の用意をなす程に，_c自由党解党の議起り，板垣伯を始めとして，当時名を得たる人々ども，何れも下阪し，土倉庄三郎氏も亦大阪に出でしとの事に，好機逸すべからずとて，遂に母上までも欺き参らせ，親友の招きに応ずと言ひ繕ろひて，一週間斗りの暇を乞ひ，翌日家の軒端を立出でぬ。……

　かゝりし程に，一日_d朝鮮変乱に引き続きて，_e日清の談判開始せられたりとの報，端なくも妾の書窓を驚かしぬ。

(3) 其年の十二月_f大事発覚して，長崎の旅舎に捕はれ，転じて大阪（中の島）の監獄に幽せらるゝや，国事犯者として，普通の罪人よりも優待せられ，未決中は，伝告者即ち女監の頭領となりて，初犯者及び未成年者を収容する監倉を司ることとなりぬ。

（『妾の半生涯』）

□ **問1** 下線aに関連する記述として正しいものはどれか，1つ選べ。
　あ　西南戦争中，立志社は国会開設などを求める意見書を提出したが，政府は却下した。
　い　西南戦争後，立志社は愛国社を創立して国会開設運動を本格的に展開した。
　う　愛国社第2回大会の呼びかけにもとづいて国会期成同盟が結成された。
　え　国会期成同盟は各地の政社が作成した請願書を取りまとめ政府に提出した。
　お　政府は国会期成同盟の請願書を受理したが，国会開設の要求は無視した。
□ **問2** 空欄Aに該当する人名を漢字で答えよ。
□ **問3** 下線bに関連して，のち（1900年）に定められた法律では，女性が政治演説会に参加することが禁じられている。その法律名を漢字で答えよ。
□ **問4** 下線cに関連する記述として**誤っている**ものはどれか，1つ選べ。
　あ　松方デフレ下，運動内部では地主層と下層農民層との対立が生まれていた。
　い　自由党では，洋行していた党首板垣退助の帰国後，解党問題が本格化した。
　う　自由党は結党から3年目の時期に解党を決定した。
　え　自由党は秩父事件の弾圧により解党した。

お　立憲改進党でも党首が脱党するなどの問題が発生した。
□ **問5**　下線dに関して，この「変乱」の名称を漢字で答えよ。
□ **問6**　下線eに関して，この「談判」の結果，締結された条約は何か。その名称を漢字で答えよ。
□ **問7**　下線fに関する記述として正しいものはどれか。1つ選べ。
　　あ　この「大事」は，自由党指導部に対抗して左派が企てたものである。
　　い　この「大事」は，朝鮮政府を武力で倒すことを計画したものである。
　　う　この「大事」を計画した人々は朝鮮に渡ったが，発覚して検挙された。
　　え　この「大事」関係者として，自由党員の大井憲太郎・星亨らが検挙された。
　　お　この「大事」は，自由民権運動における激発の最後の事件である。
□ **問8**　この史料の書き手は誰か。その人名を漢字で答えよ。

2　次の史料を読み，下記の問いに答えよ。
（関西学院大）

　国家独立自衛ノ道ニ二ツアリ。一ニ曰ク，主権線ヲ守禦シ他人ノ侵害ヲ容レズ。二ニ曰ク，　a　ヲ防護シ自己ノ形勝ヲ失ハズ。（中略）我邦，　a　ノ焦点ハ実ニ　b　ニ在リ。（中略）我邦ノ利害尤モ緊切ナル者，　b　ノ中立是ナリ。明治八年ノ条約ハ各国ニ先ダチ，其ノ独立ヲ認メタリ。爾来時ニ弛張アリト雖モ，亦其ノ線路ヲ追ハサルハナク，以テ十八年ニ　c　ヲ成スニ至レリ。然ルニ　b　ノ独立ハ西伯利鉄道成ルヲ告ルノ日ト倶ニ，薄氷ノ運ニ迫ラントス。　b　ニシテ其独立ヲ有ツコト能ハス，折ケテ安南・緬甸ノ続トナラバ（中略）我ガ対馬諸島ノ　d　ハ頭上ニ刃ヲ掛クルノ勢ヲ被ラントス。（中略）将来ノ長策ハ，果シテ　c　ヲ維持スルニ在ルカ，或ハ又更ニ一歩ヲ進メテ聯合保護ノ策ニ出テ，以テ　b　ヲシテ公法上恒久中立ノ位置ヲ有タシムヘキカ。是ヲ今日ノ問題トス。

□ **問1**　空欄a・dに入る語句の組合せを下記より選べ。
　　ア．a：主権線，d：主権線　　イ．a：主権線，d：利益線
　　ウ．a：利益線，d：主権線　　エ．a：利益線，d：利益線
□ **問2**　空欄bに該当する国名もしくは地域名を下記より選べ。
　　ア．清国　　イ．満州　　ウ．朝鮮　　エ．樺太
□ **問3**　史料は，第1回帝国議会の施政方針演説のもとになった当時の首相の意見書である。その人物を下記より選べ。
　　ア．山県有朋　　イ．黒田清隆　　ウ．伊藤博文　　エ．松方正義
□ **問4**　空欄cに該当する条約を下記より選べ。
　　ア．日朝修好条規　　　　イ．日清修好条規
　　ウ．樺太・千島交換条約　　エ．天津条約
□ **問5**　この史料の論旨として，**誤っているもの**を下記より選べ。
　　ア．bの中立を維持することは，日本にとって極めて重要な外交政略である。
　　イ．日本はbの中立を維持するため，cの条約を結んだ。

ウ．bの中立は，間もなく危機に直面することになる。

エ．日本はbの中立を維持するために，cの条約を破棄すべきである。

3 次の史料を読み，下記の問いに答えよ。　　　　　　　　　　(早稲田大)

〔史料1〕

第1条　大日本帝国は万世一系の天皇之を統治す

第5条　天皇は帝国議会の「　1　」を以て立法権を行ふ

第20条　日本臣民は法律の定むる所に従ひ（　あ　）の義務を有す

第21条　日本臣民は法律の定むる所に従ひ（　い　）の義務を有す

第28条　日本臣民は安寧秩序を妨けす及臣民たるの義務に背かさる限に於て
「　う　」の自由を有す

第29条　日本臣民は法律の範囲内に於て「　え　」著作印行「　お　」及「　か　」
の自由を有す

第33条　帝国議会は「　2　」衆議院の両院を以て成立す

第35条　衆議院は選挙法の定むる所に依り公選せられたる議員を以て組織す

第37条　凡て法律は帝国議会の「　1　」を経るを要す

第64条　①国家の歳出歳入は毎年予算を以て帝国議会の「　1　」を経へし

〔史料2〕

「憲法発布式を拝観すべき府下各新聞社員の総代十名を撰定するため昨日日本橋
の柳屋にて各社員1名宛集会し協議の末互撰したる処時事より津田興二，報知より
箕浦勝人，日報（東京日日）より関直彦，毎日より肥塚竜，読売より（　き　），
(く)日本より福本誠，改進より枝元長辰，東京公論より村山竜平，東京新報より朝
比奈知泉の九氏と及び本社の吉田嘉六が参観することと相成りたり」

(朝野新聞)

□ **問1**　〔史料1〕を発布した時の内閣総理大臣は誰か。

　　(a)　伊藤博文　　　(b)　黒田清隆　　　(c)　山県有朋

　　(d)　松方正義　　　(e)　井上馨

□ **問2**　〔史料1〕と同時に制定されたものは何か。

　　(a)　内閣制度　　　　(b)　刑法・治罪法　　　　(c)　皇室典範

　　(d)　府県制・郡制　　(e)　明治民法（修正民法）

□ **問3**　〔史料1〕の（　あ　）と（　い　）に，臣民の義務が明記されている。正し
い組み合わせはどれか。

　　(a)　納税と勤労　　　(b)　納税と教育　　　(c)　兵役と勤労

　　(d)　兵役と納税　　　(e)　教育と勤労

□ **問4**　〔史料1〕の「　う　」，「　え　」，「　お　」，「　か　」には，いくつかの制限
があるが臣民の「自由」が列記されている。〔史料1〕で明記されなかった「自由」
は何か。

　　(a)　集会　　(b)　結社　　(c)　言論　　(d)　信教　　(e)　学問

□ **問5** 〔史料2〕に示されるように，10名の新聞記者が参列を許された。（ き ）は，〔史料1〕の発布前，「国会問答」を連載した『読売』の主筆である。その人物は，立憲改進党の創設に加わり，衆議院議員を経て「 2 」議員となり，第2次大隈内閣で文部大臣に就任した。その人物は誰か。

    (a)　森有礼　　　　(b)　小野梓　　　　(c)　大山巌

    (d)　西園寺公望　　(e)　高田早苗

□ **問6** 〔史料2〕の下線部（ く ）は，〔史料1〕が発布された年に発刊され，「国民精神の回復発揚を以て自ら任す」（発刊の辞）と宣言，欧化政策に反対し，明治中期の政界や思想界に影響を及ぼした。この創刊者は誰か。

    (a)　福地桜痴　　(b)　沼間守一　　(c)　上野理一

    (d)　陸羯南　　　(e)　馬場辰猪

□ **問7** 〔史料1〕の政治的特質を明確にする「 1 」に入る語は何か。

□ **問8** 〔史料1〕の草案を審議するために設置された機関は，その後天皇の最高諮問機関となり，政治的に大きな影響力を持ち続けたが，第2次大戦後，日本国憲法草案の審議を最後に廃止された。その機関名は何か。

□ **問9** 〔史料1〕の「 2 」議員には，皇族議員，華族議員，多額納税議員とともに，国家に勲功があって学識がある人物が内閣の推薦で選ばれた。任期は終身で，議会開設当初は60人程度，金子堅太郎，渋沢栄一などが選ばれている。その議員は何と称されるか。

クエスチョン　ここに注意!!　近代1

Q1 幕末長州藩の政治家で，公武合体と海外進出，積極的開国策のいわゆる「航海遠略策」を建言したのは誰か？
→長井雅楽である。

Q2 越前藩に招かれ，藩主松平慶永の補佐にあたり，開国貿易，殖産興業，海軍強化策などを説いた熊本藩士は誰か？
→横井小楠である。

Q3 大老井伊直弼の下で安政の大獄を指導した老中は誰か？
→間部詮勝である。

Q4 幕府の遺欧使節の正使に任命され，兵庫・新潟の開港を延期させるなどの目的で欧州を訪問し，ロンドン覚書に調印した幕臣は誰か？
→竹内保徳である。

Q5 明治初期の神道国教化政策を推進した国学者は誰か？
→福羽美静である。

19 明治時代3

1 次の文章を読み，下記の問いに答えよ。　　　　　　　　（慶應義塾大）

明治初期，日本政府の外交政策の主要課題は，欧米諸国に対しては不平等条約の改正であり，ロシア，琉球，清国，朝鮮などの周辺諸国に対しては，新たな関係の構築であった。

1871年に，右大臣岩倉具視を全権大使とする使節団が欧米に派遣され，近代国家の法律や政治・経済の仕組みを視察して，　(1)　(2)　年に帰国した。1878年に，外務卿の　(3)　(4)　はアメリカと交渉して関税自主権の回復について合意を得たが，イギリスなどの反対にあって無効になった。　(5)　(6)　年に，日英通商航海条約が調印され，領事裁判権が撤廃された。アメリカ，ロシア，ドイツ，フランスなどの欧米諸国とも同じ内容の条約が結ばれ，　(7)　(8)　年に施行された。しかし，関税自主権の完全回復は，1911年に外相　(9)　(10)　によってようやく実現した。

日本とロシアは樺太（現サハリン）の領有問題をめぐって，対立していた。1875年に全権公使　(11)　(12)　は樺太・千島交換条約に調印して，樺太全島をロシア領とし，千島全島を日本領と定めた。また，小笠原諸島は1827年にイギリスが占領し，アメリカ人が移住していたが，1861年に江戸幕府はその領有を宣言した。イギリス・アメリカ両国との帰属争いを経て，　(13)　(14)　年に内務省が出張所をおいてその統治を再開し，日本の領有が確定した。

琉球王国は，1609年に薩摩の　(15)　(16)　の軍に征服され，薩摩藩の支配下に入った。一方，琉球は中国との朝貢貿易を継続していた。1872年に明治政府は琉球を日本領とする方針を定め，琉球藩をおいて，国王の　(17)　(18)　を藩王とした。1879年に明治政府は琉球藩を廃止し，沖縄県を設置した。それに対して，宗主権を主張する清国は強く抗議した。前アメリカ大統領　(19)　(20)　は，宮古・八重山の先島諸島を清国に割譲する調停案を示したが，清国はこれを認めなかった。琉球帰属問題が最終的に解決したのは，日清戦争の勝利によってであった。

1871年に（　a　）が全権として清国と交渉し，日清修好条規を結んだ。同年，台湾では琉球漂流民殺害事件が発生した。1874年に明治政府は　(21)　(22)　の率いる軍隊を台湾に派遣した。事件を解決するため，　(23)　(24)　が全権として清国と交渉し，イギリスの調停により，清国は賠償金を支払って事件は収拾した。

明治政府は，朝鮮と新しいかたちの国交を樹立するため，交渉を試みたが，朝鮮に拒絶された。そのため，日本では征韓論が高まった。1873年，　(25)　(26)　を朝鮮に派遣して，開国を求めることが決定された。しかし，　(23)　(24)　らの反対によって，朝鮮への使節派遣は中止された。そのため，　(25)　(26)　，板垣退助，江藤新平，　(27)　(28)　，後藤象二郎の5人の参議が辞職した。1875年に明治政府は軍艦を朝鮮の首都漢城（現ソウル）防衛の要地江華島に派遣して挑発し，交戦して砲台を破壊した。明治政府はこの事件を機に，　(29)　(30)　を

全権使節として軍隊とともに朝鮮に派遣して，条約交渉を行った。1876年に日朝修好条規が結ばれ，朝鮮が日本の領事裁判権や関税免除などを認めた。そのため，朝鮮に対する主導権をめぐって，日本と清国が対立を深めていった。

　1894年に朝鮮では甲午農民戦争が起こった。それを鎮圧するために，朝鮮政府の依頼で清国が援軍を派遣すると，日本も清国に対抗して出兵した。8月1日に日本は清国に宣戦布告して，日清戦争がはじまった。1895年4月に，日本全権伊藤博文，陸奥宗光と清国全権　(31)　(32)　が下関条約を結び，講和が成立した。下関条約では，　(33)　(34)　，台湾，澎湖諸島を日本に割譲し，賠償金2億両（約3億円）を日本に支払うことになっていた。しかし，日本の勢力の中国東北部への拡大を警戒するロシアは，フランス・ドイツとともに，清国への　(33)　(34)　の返還を日本に要求した。日本はその要求を受け入れたが，国民のあいだには，（　b　）を合言葉に，ロシアに対する敵意が高まった。

　下関条約締結後，日本軍は1895年5月に台湾に上陸したが，台湾では　(35)　(36)　の成立が宣言され，各地で反日運動が起きた。日本は台湾総督府を設置し，初代総督に海軍の　(37)　(38)　を任命し，島民の抵抗を武力で鎮圧した。1898年に陸軍出身の　(39)　(40)　が第4代台湾総督に，内務官僚の（　c　）が民政局長（のち民政長官）に就任し，統治政策を転換して，植民地経営を成功させた。

□ **問1**　文中の空欄　(1)　(2)　〜　(39)　(40)　に当てはまる最も適切な語句を下の語群より選べ。

《語群》

01　1872	02　1873	03　1875	04　1876
05　1879	06　1884	07　1886	08　1889
09　1893	10　1894	11　1896	12　1899
13　青木周蔵	14　伊藤博文	15　井上馨	16　榎本武揚
17　大久保利通	18　大隈重信	19　大山巌	20　片岡健吉
21　桂太郎	22　加藤高明	23　樺山資紀	24　木戸孝允
25　クラーク	26　グラント	27　クレマンソー	28　黒田清隆
29　黒田清輝	30　黒田斉隆	31　高山国	32　児玉源太郎
33　後藤庄三郎	34　近衛文麿	35　小村寿太郎	36　小室信夫
37　西園寺公望	38　西郷隆盛	39　西郷従道	40　斎藤隆夫
41　斎藤茂吉	42　山東半島	43　島津家久	44　島津久光
45　島津義久	46　尚泰	47　尚巴志	48　尚豊
49　副島種臣	50　孫文	51　台湾共和国	52　台湾民主国
53　朝鮮半島	54　寺内正毅	55　寺崎英成	56　寺島宗則
57　乃木希典	58　八田與一	59　松方正義	60　森有礼
61　山県有朋	62　李鴻章	63　李舜臣	64　遼東半島
65　若槻礼次郎			

□ **問2** 文中の空欄（ a ）〜（ c ）に入る最も適切な語句を漢字で書け。

2 次の史料を読み，下記の問いに答えよ。　　　　　　　　　　　（早稲田大）

あにただァ児玉源太郎のみならんや。日露戦争の終局に当りて，一種の悲哀，煩悶，不満，失望を感ぜざりし者幾人かある。

我らをして自白せしめよ。我らは北方の巨人を恐れたり。彼を悪めり。遼東還附以来は彼を不倶戴天の仇と睨めり。機会もあらば一太刀怨みんと歯を喰いしばれり。ィ日露戦争の発端いずれにあるを問うをやめよ。当初より彼は割合に呑気にて，我は必死の覚悟なりき。わが憤怨は強く，わが頭脳の回転は彼よりも素早し。ゥ戦は始まれり。〔中略〕勝利，勝利，大勝利。しかして後彼の講和談判。

（徳冨蘆花「勝利の悲哀」）

□ **問1**　下線部アの人物に関する記述のうち，正しいものを**2つ**選べ。
1. 日清戦争時，陸軍大臣をつとめた。
2. 台湾総督をつとめ，民政局長に後藤新平を登用した。
3. 日露戦争時，満州軍総参謀長をつとめた。
4. 伊藤博文の後継として立憲政友会総裁となった。
5. 南満州鉄道初代総裁に就任した。

□ **問2**　下線部イに到る記述に関して，正しいものを**2つ**選べ。
1. 対露同志会は対外硬同志大会を開催して，対露強硬論を主張した。
2. 結成された平民社は日刊『平民新聞』を発刊し，日露非戦論を展開した。
3. 与謝野晶子は『太陽』に「君死にたまふこと勿れ」を表題とする反戦詩を，発表した。
4. 戸水寛人ら七博士は対露強硬論の意見書を桂太郎首相，小村寿太郎外相らに提出した。
5. 『時事新報』に勤めていた内村鑑三は同紙が主戦論に転じると，非戦論の立場から同社を去った。

□ **問3**　下線部ウに関連して，日露戦争に**該当しない**ものを**2つ**選べ。
1. 鴨緑江の戦い　　　2. 奉天会戦　　　3. 平壌の戦い
4. 遼陽の会戦　　　　5. 黄海の海戦

3 次の史料はある法学者の妻の日記からの抜粋である（ただし，**配列は年代順ではない**）。下記の問いに答えよ。　　　　　　　　　　　　（早稲田大）

① 9月5日
日比谷公園に於てa国民大会々員と警官との衝突引続き，内務大臣官舎国民新聞社等に暴民襲撃，東京市中央市街の大騒動，実にあさましきとも苦々しとも云はん方なき次第なり。

② 11月5日
旦那様には朝五時過お出まし，b伊藤侯朝鮮へ出発を新橋に送り給ひ，同所より

竜門社秋季総会におもむかせ給ふ。（中略）旦那様には夕五時より日本クラブへお出。今夕東郷大将を始め凱旋の海軍将校方を招待し祝賀の宴開かるる由。夜十二時頃お帰り。

□ **問1**　下線aに関する記述として**誤っているもの**はどれか。**2つ選べ**。
　あ　「内務大臣」のもとで，当時，内務省は全国の勧業行政と警察行政を管轄していた。
　い　徳富蘇峰が経営する「国民新聞社」は，政府系の新聞社とみなされていた。
　う　「国民大会」は日露講和反対を主眼として，講和条約調印の日に開催された。
　え　政府は警察力では「大騒動」を鎮圧できなかったため，軍隊を出動させた。
　お　「大騒動」に対して出された戒厳令は，その後，米騒動の時にも発令された。

□ **問2**　下線bに関する記述として**正しいもの**はどれか。**1つ選べ**。
　あ　この時，伊藤博文は日露協商の可能性を探るため，朝鮮経由でロシアに赴いた。
　い　この時，伊藤博文は朝鮮に赴き，第2次日韓協約の締結を韓国に強要した。
　う　この時，伊藤博文は韓国統監として朝鮮に赴き，韓国皇帝を退位させた。
　え　この時，伊藤博文は朝鮮に赴き，激化する義兵闘争の弾圧にあたった。
　お　この時，伊藤博文は朝鮮に赴き，その折，ハルビン駅頭で射殺された。

Q?　クエスチョン　ここに注意!!　近代2

Q1　学制の発布に尽力した佐賀県出身の初代文部卿は誰か？
→大木喬任である。東京遷都に尽力して東京府知事となる。

Q2　江藤新平とともに佐賀の乱をおこした憂国党の指導者は誰か？
→島義勇である。初代秋田県令にもなった。

Q3　西郷隆盛を評価した『丁丑公論』や勝海舟らを批判した『痩我慢の説』を著した思想家は誰か？
→福沢諭吉である。

Q4　天皇の廃位に言及した岩手の民権家小田為綱が作成した私擬憲法の名前は何か？
→「憲法草稿評林」である。

Q5　自由民権運動の中で東洋社会党を結成し，のち『大東合邦論』で日韓合邦を唱えた民権家・大アジア主義者とは誰か？
→樽井藤吉である。

20 明治時代4

1 次の文章を読み，下記の問いに答えよ。
（早稲田大）

　後発国日本の工業化にとって，市場の発達に不可欠な制度や企業の成長に必要な経済基盤を，政府主導で整備していくことは重要な条件となった。

　所有権が不明確であった土地については，土地売買そのものに対する規制などを撤廃した上で，ィ地租改正を実施し，その所有権を確定させた。

　政府は1871年に新貨条例を制定し，金本位制の方向を示した。しかしその後も，銀貨鋳造や政府不換紙幣の発行などが行われたためにかえって通貨制度の混乱を招いた。この混乱はロ松方財政の下で日本銀行を中心に銀本位制が確立されるまで続いた。

　ハ運輸，通信インフラの整備も政府の力あるいは民間の活力を利用する形で進められた。

□ **問A**　下線部イに関連する記述として正しいものを1つ答えよ。
　　1. 農地については作付けなどの利用制限が設けられた。
　　2. 高額の地租によって小作農家の家計は圧迫された。
　　3. 農産物価格の上昇期には地租の実質負担は軽減された。
　　4. 地租は各年の豊凶に応じて調整された。
　　5. 地価は個々の農地の収益に基づいて厳密に算定された。

□ **問B**　下線部ロに関連する記述として正しいものを1つ答えよ。
　　1. 増税による歳入増加と軍事費の削減による歳出の圧縮を徹底的に行った。
　　2. 赤字経営が多かった官営工場を払い下げる方針を定めた。
　　3. 中央銀行である日本銀行設立と同時に銀兌換銀行券が発行された。
　　4. 日露戦後になると，通貨制度は先進国と同じ金本位に再び切りかえられた。
　　5. デフレが進んだために，土地を失って自作農から小作農に転落する者が現れた。

□ **問C**　下線部ハに関連して，明治期日本の通信インフラについての記述として正しいものを1つ答えよ。
　　1. 電信線が最初に設置されたのは東京・大阪間であった。
　　2. 早くも1870年代に欧米とリンクする国際的な電信網に組み込まれた。
　　3. 日清戦後，軍事利用のために電話が初めて輸入された。
　　4. 飛脚に代わり郵便制度が導入されたが，日清戦後まで地域間で料金が大きく異なっていた。
　　5. 前島密の建議に基づく郵便制度導入と同時に万国郵便連合条約に加盟した。

□ **問D**　下線部ハに関連して，明治期日本の運輸業についての記述として**誤っている**ものを1つ答えよ。
　　1. 政府の保護の下で成功した日本鉄道会社は，鉄道会社設立ブームのきっか

けとなった。

2. 政府の海運奨励策の下，1890年代に日本郵船会社はボンベイなど海外航路を開設した。

3. 1880年代末にはすでに民営鉄道の営業キロ数が官営鉄道を上回っていた。

4. 日露戦後，政府は軍事輸送などのために主要な民営鉄道線を買収し，国有化した。

5. 政府は当初，三井・三菱を手厚く保護し，国内，近海海運で外国汽船に対抗させた。

2 明治時代の社会について述べた以下の各X・Yについて，その正誤の組み合わせとして正しいものを，下の解答群ア～エの中からそれぞれ一つ選べ。

（法政大）

〔解答群〕　ア　X　正　Y　正　　イ　X　正　Y　誤
　　　　　　ウ　X　誤　Y　正　　エ　X　誤　Y　誤

□ 問1　X　1900年には，工場労働者総数39万人の6割を繊維産業が占めていた。
　　　　Y　紡績業の労働は1日2交替の昼夜業がおこなわれ，製糸業では労働時間が1日15時間以上におよぶこともあった。

□ 問2　X　1880年代の松方財政でのデフレ政策によって上昇し始めていた小作地率は，1890年代にも上昇し続け明治末期の小作地率は8割をこえていた。
　　　　Y　小作料は現物納で，地租は定額金納であったため，米価の上昇は地主の収入増となり，地主は小作料収入をもとに企業をおこしたり，公債や株式に投資したりして，しだいに資本主義との結びつきを深めた。

□ 問3　X　工場法は，10歳未満の就労禁止，少年・女性の就業時間を8時間とし，その深夜業を禁止することなどを定めていたが，14人以下の工場には適用されなかった。
　　　　Y　工場法は，資本家の反対もあり，実施は1916年まで延期された。

□ 問4　X　渡良瀬川流域の被害に対して，被災地の農民は数回にわたって陳情を試みたが，1900年には警官隊と衝突して数十名が逮捕された。
　　　　Y　足尾鉱毒事件では，政府が鉱毒調査会を設置したが効果なく，1901年には田中正造が議員を辞任し，天皇に直訴した。

Q? クエスチョン　ここに注意!!　近代3

Q1　秩父事件の「総理」（最高指導者）に選ばれたのは誰か？
→**田代栄助**である。事件の翌年に処刑された。

Q2　1901年の北京議定書に調印した日本全権は誰か？
→**小村寿太郎**（駐清公使）である。

21 大正時代

1 次の文章を読み，下記の問いに答えよ。 （上智大）

（ ア ）年，(a)バルカン半島での事件を契機にして第１次世界大戦が勃発したが，（ あ ）の対独宣戦をうけて，時の（ A ）内閣での外相（ B ）が主導する形で，日本は同年，ドイツへの宣戦にふみきった。日本軍は同年，中国におけるドイツの権益があった（ い ）省を攻撃し，ドイツの根拠地であった（ う ）を占領する一方，（ え ）以北のドイツ領南洋諸島にも進攻し，接収した。

その余勢をうけて，日本政府は翌年，中国の（ C ）政権に対して，中国内のドイツ権益の継承，南満州・（ お ）内蒙古での権益の強化，中国本土における政治的諸権利の承認などを内容とする「二十一か条の要求」を行なった。そして，受入れを渋る中国側に対して，日本政府は同年（ イ ）月，最後通牒を出して，要求の大部分をのませた。そのこと，そして外相に対する内外の批判は強く，たとえば当時の「(b)元老」の筆頭的存在であった（ D ）は，外相の手法を強く嫌い，両者は対立した。

その翌年に新たに成立した(c)寺内正毅内閣においては，特使の（ E ）を派遣して中国において新たにできた北方軍閥の（ F ）政権との合意の結果，採算を度外視した巨額の借款がなされ，このことを通じた日本の権益確保を図った。

以上のように状況が展開する中，日本は（ A ）内閣の時，第（ ウ ）次日露協約を結び，極東での両国の特殊権益を相互に再確認し，日露関係は，この協約によって実質的な同盟にまでいたった。また，日本は，大戦におけるヨーロッパの主要な味方の国ぐにとも戦後の講和会議の際のお互いの利権獲得について承認しあった。一方，日本の中国進出を警戒していたアメリカは（ エ ）年，ドイツに宣戦し，日米双方ともに関係を調整する必要が生じた。そのため，日米両国は同年，中国での門戸開放・領土保全と日本が中国において「特殊権益」をもつことを承認しあう石井・ランシング協定を結んだ。

一方，日本と同盟関係に入っていたロシアでは大戦の長期化とその負担に耐えかねて，革命が起き，帝政が崩壊したが，新たにできた臨時政府は大戦への参戦を継続したため，それへの反発からボリシェヴィキが臨時政府を倒し，世界初の社会主義政権を成立させた。そして，この社会主義政権は翌年，独墺と単独で講和し，大戦から離脱した。

このことによる東部戦線の崩壊，社会主義政権への反発などからヨーロッパの主要「連合国」は革命で混乱しているロシアに干渉戦争をしかけ，日米に出兵を求めた。そして，寺内内閣は，アメリカが（ か ）軍の救出を名目とする共同出兵を要請してきたのをうけて，1918年（ オ ）月，シベリア・北満州への出兵を決定した。大戦の終結をうけて，列国は干渉戦争・出兵を終えるが，日本だけは，（ カ ）年まで出兵を続け，このことへの列国の反発は強くなった。

□ **問1** 文中の空欄 （ A ）～（ F ）に当てはまるもっとも適切な人名を，次の
①～㉔の中から1つずつ選べ。

　　① 原敬　　　　　② 小村寿太郎　　　③ 孫文
　　④ 山県有朋　　　⑤ 馮国璋　　　　　⑥ 段祺瑞
　　⑦ 井上馨　　　　⑧ 山本権兵衛　　　⑨ 勝田主計
　　⑩ 宮崎滔天　　　⑪ 大隈重信　　　　⑫ 目賀田種太郎
　　⑬ 松方正義　　　⑭ 西園寺公望　　　⑮ 林董
　　⑯ 曹汝霖　　　　⑰ 加藤高明　　　　⑱ 渋沢栄一
　　⑲ 徐世昌　　　　⑳ 西原亀三　　　　㉑ 李鴻章
　　㉒ 桂太郎　　　　㉓ 袁世凱　　　　　㉔ 張作霖

□ **問2** 文中の空欄 （ あ ）～（ か ）に当てはまるもっとも適切な語句を，次の
①～㉔の中から1つずつ選べ。

　　① フィンランド　　② 青島　　　　　　③ 奉天
　　④ フランス　　　　⑤ 南部　　　　　　⑥ 河北
　　⑦ 北回帰線　　　　⑧ チェコスロヴァキア　⑨ 済南
　　⑩ イギリス　　　　⑪ 煙台　　　　　　⑫ 北部
　　⑬ 江蘇　　　　　　⑭ 北緯5度線　　　⑮ オランダ
　　⑯ 威海　　　　　　⑰ 赤道　　　　　　⑱ 西部
　　⑲ バルト3国　　　⑳ 山東　　　　　　㉑ ベルギー
　　㉒ ポーランド　　　㉓ 東部　　　　　　㉔ 南回帰線

□ **問3** 文中の下線部 （a）～（c）の項目にもっとも関係が深く，かつ内容が正しい
事柄を，次の①～⑫の中から1つずつ選べ。

　　① 法律上，明文化されていた。
　　② 彼は，薩摩藩の出身であった。
　　③ 当初の者たちに追加してその立場におかれる者は出なかった。
　　④ 事件は，ベオグラードで起こった。
　　⑤ 彼は，のちに暗殺された。
　　⑥ 事件は，オーストリアの帝位継承者夫妻に対して起こされた。
　　⑦ 当初は，7人がそのようにみなされた。
　　⑧ 事件による死亡者は，かろうじて出なかった。
　　⑨ 彼は，首相就任の直前までは台湾総督を務めた。
　　⑩ 事件は，7月の初めに起こった。
　　⑪ 全員が，薩長の出身者であった。
　　⑫ 彼は，首相を2年弱務めた。

□ **問4** 文中の空欄 （ ア ）～（ カ ）に当てはまる数字は，どれか。もっとも適
切なものを，次の①～㉔の中から1つずつ選べ。なお，同じものを何回選んでも
よい。

　　① 1　　　② 2　　　③ 3　　　④ 4　　　⑤ 5
　　⑥ 6　　　⑦ 7　　　⑧ 8　　　⑨ 9　　　⑩ 10

⑪	11	⑫	12	⑬	1912	⑭	1913	⑮	1914
⑯	1915	⑰	1916	⑱	1917	⑲	1918	⑳	1919
㉑	1920	㉒	1921	㉓	1922	㉔	1923		

2 次の史料は，ある人物の日記からの抜粋である（ただし，配列は必ずしも年代順ではない）。これを読み，後の問に答えよ。 　　　　　　　　　　（早稲田大）

① 2月10日

高商及早稲田に出講。此日議会三度停会となる。

2月11日

昨日の停会後再び日比谷附近に焼打始まりたる由。今朝に至りて始めて之を聞く。ₐ桂内閣の不信任終に帝都を騒擾に陥らしむ。不臣の罪大なりと云ふべし。総辞職の報を今朝の新紙に見るは既に遅れたるの甚しきものと云ふべし。

② 2月11日

憲法発布三十年に相当するを以て東京其他に於て祝賀会開催するもの多く，ᵦ普通選挙論の伝播漸く盛なり。

③ 5月13日

政友会過半数を得て二百七十名以上となり，憲政会の領袖中落選せるもの少なからず。　A　の見込は確実に実現せるも，今後の政界は雨？風？

□ **問1** 下線aに関連する記述として正しいものはどれか。1つ選べ。

　　あ　立憲政友会の犬養毅，立憲国民党の尾崎行雄らが倒閣運動を展開した。

　　い　桂が明治天皇の権威をかりて政権独占を企てているとの非難が強まった。

　　う　桂は立憲政友会の離党者などによって立憲同志会を結成し，運動に対抗した。

　　え　民衆の直接行動によって内閣が倒れた初めての事例となった。

　　お　倒閣運動は吉野作造が提唱した民本主義に力を得て大きく高揚した。

□ **問2** 下線bに関連する記述として**誤っている**ものはどれか。1つ選べ。

　　あ　翌年，憲政会などの野党はいわゆる普通選挙法案を議会に提出した。

　　い　立憲政友会は普通選挙を求める運動に対し抑圧的な姿勢をとった。

　　う　立憲政友会は選挙権の納税資格を緩和して選挙権を拡張する政策をとった。

　　え　普通選挙を要求する運動の主な担い手は労働者や学生であった。

　　お　普通選挙を要求する運動は政府の規制により，この年，いったん終息した。

□ **問3** 空欄Aに該当する首相の姓名を漢字で答えよ。

3 次の文を読み，空欄 [1] ～ [12] にもっとも適当な語を入れよ。

　　　　　　　　　　（津田塾大）

　大正から昭和の初期にかけて，労働者やサラリーマンなどを担い手とする大衆文化が新たに成立した。新聞の発行部数がおおきく伸び，『中央公論』や，山本実彦

が1919年4月に発行した『[1]』のように，社会問題から小説まで多様な分野を扱う総合雑誌が発展して民主主義を促進した。また，『現代日本文学全集』など[2]とよばれる低価格の全集がブームとなり，ドイツのレクラム文庫を参考にした[3]文庫は世界や日本の古典を揃え，「日本一面白くて為になる」ことをうたう大衆娯楽雑誌『[4]』の発行部数は100万部をこえた。映画は当時[5]とよばれ，介士つきの無声映画からトーキーとよばれる有声映画へと展開した。1925年には[6]放送が開始され，劇やスポーツの実況放送が人気となった。

　学術研究では，大正デモクラシーの風潮のもと，社会のありかたを問うさまざまな主張が提出された。『東洋経済新報』の記者で，戦後に首相となる[7]は，自由主義にもとづいて，植民地の放棄や平和的な経済発展をふくむ小日本主義を唱えた。新聞に連載した『[8]』が反響をよんだ河上肇は，経済学者の福田徳三との論争をつうじて[9]主義経済学へと進んだ。[9]主義は，歴史学や文学などの学問をはじめ知的世界全般に影響をあたえた。哲学では，『善の研究』で知られる[10]が東洋と西洋の思想的統一を探究し，和辻哲郎は『風土』などで独自の倫理学を展開した。[11]は『古事記』や『日本書紀』の文献学的批判をつうじて古代史に新境地を開き，農商務省の官僚だった柳田国男は，民間伝承や風習を研究する[12]学の確立に貢献した。

クエスチョン　ここに注意!!　近代4

Q1 日英同盟協約（にちえいどうめいきょうやく）をロンドンで調印した駐英公使は誰か？
→**林董**（はやしただす）である。のちに外相となる。

Q2 『内地雑居後之日本』（ないちざっきょごのにほん）や『明治富豪史』（めいじふごうし）などを書いたジャーナリストは誰か？
→**横山源之助**（よこやまげんのすけ）である。

Q3 足尾鉱毒事件（あしおこうどくじけん）を支援して書いた『谷中村滅亡史』（やなかむらめつぼうし）の作者は誰か？
→**荒畑寒村**（あらはたかんそん）である。

Q4 釜石鉱山（かまいし）の払い下げをうけ，釜石鉱山田中製鉄所をおこした実業家は誰か？
→**田中長兵衛**（たなかちょうべえ）である。

Q5 三井物産（みついぶっさん）初代社長で，三井財閥（ざいばつ）を確立した人物は誰か？
→**益田孝**（ますだたかし）である。

22 昭和時代　戦前1

1　次の文章を読み，下記の問いに答えよ。　　　　　　　　　（早稲田大，法政大）

　　1927年，若槻内閣の片岡蔵相の失言を契機に始まった金融恐慌では，勅令による　ア　の救済に失敗し，全国的な　イ　騒動と十五銀行など大銀行の休業という空前の信用不安を招いた。但し，恐慌をきっかけにかえって脆弱な金融機関の整理が進み，金融システムは安定化に向かった。

　　こうして金解禁の準備が整うと，浜口内閣の井上蔵相は1930年初頭に旧平価での金本位制復帰を断行した。ₐ旧平価解禁には，　a　に誘導することを通じて輸出品価格を　b　に設定し，生産性の低い企業を　c　するという意図があった。しかし，この金解禁政策は世界恐慌と重なったため，期待した経済効果を発揮することはできなかった。

　　このようななか，犬養毅内閣のもとで，金輸出が再び禁止された。これにより円相場は　ウ　になり，　エ　が増加した。犬養毅内閣のᵦ高橋是清大蔵大臣による財政政策のもとで景気は好転し，ᵪ工業生産は回復していった。

　　この時期，鉄鋼業では，八幡製鉄所を中心に大合同が行われ，　オ　が設立された。軽工業においては，1930年代半ばに　カ　を抜いて世界第1位の　キ　の輸出国になった。三井・三菱などの財閥の産業支配も強まり，ᵩ新興財閥も台頭した。

☐ **問1**　空欄　ア　に該当する語句を，漢字4字で記せ。

☐ **問2**　空欄　イ　に該当する語句を記せ。

☐ **問3**　下線部aの空欄a〜空欄cに該当する語句の組み合わせとして正しいものを以下の1〜5のなかから1つ選べ。

　　1.　a　円安　　b　割安　　c　支援
　　2.　a　円高　　b　割安　　c　支援
　　3.　a　円安　　b　割安　　c　整理
　　4.　a　円高　　b　割高　　c　整理
　　5.　a　円安　　b　割高　　c　支援

☐ **問4**　空欄　ウ　エ　にあてはまる語句の組合せとして正しいものを，以下のA〜Dのなかから一つ選べ。

　　A　ウ…円高　エ…輸出　　　B　ウ…円安　エ…輸出
　　C　ウ…円高　エ…輸入　　　D　ウ…円安　エ…輸入

☐ **問5**　下線部bに関して，その政策についての説明として**誤っているもの**を，以下のア〜エのなかから一つ選べ。

　　ア　農村救済のために時局匡救事業への支出を行った。
　　イ　赤字国債を発行して日本銀行に引き受けさせ，財政支出の財源を調達した。
　　ウ　財政支出の拡大と低金利政策の組合せにより，需要の創出をはかった。

エ　協調外交のなかで，軍事費への支出を削減した。

□ 問6　下線部cに関連して，1930年代の工業についての説明として**誤っているもの**を，以下のア～エのなかから一つ選べ。

　　　ア　重化学工業化が進み，鋼材，機械を中心に国産化が進んだ。

　　　イ　金属・機械・化学工業合計の1933年の生産額が，繊維工業の生産額を上回った。

　　　ウ　製鉄原料として不可欠なくず鉄の輸入への依存から脱却した。

　　　エ　重化学工業の1938年の生産額が，工業生産額の50％を上回った。

□ 問7　空欄　オ　にあてはまるもっとも適切な会社名を，以下のア～エのなかから一つ選べ。

　　　ア　日本製鉄会社　　　イ　新日本製鉄株式会社

　　　ウ　日本製鋼所　　　エ　鞍山製鉄所

□ 問8　空欄　カ　にあてはまるもっとも適切な国名を，以下のア～エのなかから一つ選べ。

　　　ア　アメリカ　　イ　イギリス　　ウ　オランダ　　エ　ドイツ

□ 問9　空欄　キ　にあてはまるもっとも適切な軽工業製品を，以下のア～エのなかから一つ選べ。

　　　ア　生糸　　イ　綿織物　　ウ　毛織物　　エ　絹織物

□ 問10　下線部dに関して，日産自動車や日立製作所などからなる日産コンツェルンにもっとも関連の深い人名を，以下のア～エのなかから一つ選べ。

　　　ア　大河内正敏　　イ　野口遵　　ウ　鮎川義介　　エ　中野友礼

2　次の史料を読み，下記の問いに答えよ。　　　　　　　　　　　（早稲田大）

　謹んで惟るに，我が神州たる所以は万世一系たる天皇陛下御統帥の下に，挙国一体，生成化育を遂げ，遂に八紘一宇を完うするの国体に存す。此の国体の尊厳秀絶は天祖肇国，神武建国より明治維新を経て益々体制を整へ，今や方に万邦に向つて開顕進展を遂ぐべきの秋なり。然るに頃来，遂に不逞凶悪の徒簇出して私心我慾を恣にし（中略），随つて₍外侮外患日を逐うて激化す。所謂元老・₍重臣・軍閥・₍財閥・官僚・政党等は，この国体破壊の元兇なり。倫敦軍縮条約，並に教育総監更迭に於ける₍統帥権干犯・至尊兵馬大権の僭窃を図りたる₍三月事件，或は学匪，共匪，大逆教団等の利害相結んで陰謀至らざるなき等は最も著しき事例にして（中略），中岡，佐郷屋，血盟団の先駆捨身，₍五・一五事件の憤騰，₍相沢中佐の閃発となる，寔に故なきに非ず。（中略）内外真に重大危急，今にして国体破壊の不義不臣を誅戮し，稜威を遮り，御維新を阻止し来れる奸賊を芟除するに非ずして，宏謨を一空せん。

□ 問A　下線部イに関するものとして，正しいものを**2つ**選べ。

　　1.　盧溝橋事件の勃発　　　2.　中国における排日運動

　　3.　独ソ不可侵条約の締結　　4.　日本の国際連盟からの脱退

5. 中国で国民党と共産党が対日全面抗戦で一致

□ 問B　下線部ロになった人物として，**誤っているものを2つ選べ。**

1. 西園寺公望　　2. 斎藤実　　3. 牧野伸顕

4. 渡辺錠太郎　　5. 鈴木貫太郎

□ 問C　下線部ハに関するものとして，**正しいものを2つ選べ。**

1. 三井は金融・商業部門を中心に発展した。

2. 三菱は海運・保険部門を中心に発展した。

3. 安田は足尾銅山経営を中心に発展した。

4. 住友は銀行・保険・倉庫業を中心に発展した。

5. 古河は別子銅山経営を中心に発展した。

□ 問D　下線部ニに関するものとして，**誤っているものを2つ選べ。**

1. 統帥権は，一般国務から独立し，参謀総長と海軍軍令部長が直接参与した。

2. 政府は，兵力量の決定は，内閣の輔弼事項であるとみなしていた。

3. 海軍内部には，軍縮に反対する艦隊派の軍人がいた。

4. 海軍には，加藤寛治のように，軍縮を認める軍人もいた。

5. 野党の立憲民政党は，兵力量決定は統帥権に属すると主張した。

□ 問E　下線部ホに関するものとして，**誤っているものを2つ選べ。**

1. 陸軍の橋本欣五郎が事件の中心人物であった。

2. 陸軍の中堅将校を集めて秘密結社桜会が結成された。

3. 民間の思想家大川周明も協力した。

4. 若槻礼次郎首相殺害を計画した。

5. 荒木貞夫を首相とする軍部内閣樹立を構想した。

□ 問F　下線部へに関するものとして，**正しいものを2つ選べ。**

1. 陸軍青年将校が中心であった。

2. 一部海軍将校も参加した。

3. 右翼団体猶存社も参加した。

4. 首相官邸に押し入って犬養首相を射殺した。

5. 政党内閣が崩壊する契機となった。

□ 問G　下線部トに関するものとして，**正しいものを2つ選べ。**

1. 相沢は陸軍統制派の陸軍中佐であった。

2. 永田鉄山軍務局長を刺殺した。

3. 総力戦体制樹立を目指していた。

4. 荒木貞夫・東条英機らの影響を受けていた。

5. この後，二・二六事件を誘発した。

3　次の文章を読み，下記の問いに答えよ。　　　　　　　　（中央大）

　1935年2月，第67回帝国議会貴族院本会議で，[　1　]議員は，「（前略）所謂機關説ト申シマスルノハ，國家ソレ自身ヲ一ツノ生命アリ，ソレ自身ニ目的ヲ有スル恆久的ノ團體，即チ法律學上ノ言葉ヲ以テ申セバ一ツノ[　2　]ト観念イタシマシ

テ，　3　ハ此　2　タル國家ノ元首タル地位ニ在マシ，國家ヲ代表シテ國家ノ一切ノ權利ヲ總攬シ給ヒ，　3　ガ憲法ニ從ッテ行ハセラレマスル行爲ガ，卽チ國家ノ行爲タル効力ヲ生ズルト云フコトヲ言ヒ現ハスモノデアリマス（後略）」という演説をおこなった。

この演説は，同月，貴族院本会議において，　4　議員が，　1　議員の著書を取り上げたことに対して，おこなわれたものである。

時の　5　内閣は，陸軍などの圧力に屈し，同年8月，「（前略）憲法發布ノ御上論ニ『國家統治ノ大權ハ朕力之ヲ祖宗ニ承ケテ之ヲ子孫ニ傳フル所ナリ』ト宣ヒ，憲法第一條ニハ『大日本帝國ハ　6　ノ　3　之ヲ統治ス』ト明示シ給フ。卽チ大日本帝國統治ノ大權ハ儼トシテ　3　ニ存スルコト明ナリ。（中略）近時憲法學説ヲ繞リ（中略）兎角ノ論議ヲ見ルニ至レルハ寔ニ近憾ニ堪ヘズ。（後略）」という政府声明を発した。これを　7　声明という。

□ 問　文中の空欄　1　〜　7　に入るもっとも適切な語・氏名を漢字で答えよ。なお，旧字体でなくてもよい。

Q?　クエスチョン　ここに注意!!　近代5

Q1　袁世凱政権に二十一カ条の要求をおこなった中国公使は誰か？
→日置益である。

Q2　三・一独立運動に理解を示し，朝鮮民族文化の保護を主張した民芸運動の創始者は誰か？
→柳宗悦である。

Q3　鈴木商店を，第一次世界大戦の時に三井物産をしのぐ総合商社にまで発展させた番頭は誰か？
→金子直吉である。なお，創業者は鈴木岩次郎である。

Q4　大正期に設立された工業資本家の利益を図る団体（初代理事長団琢磨）は何か？
→日本工業倶楽部である。

Q5　新婦人協会が発行した機関誌は何か？
→『女性同盟』である。

Q6　関東大震災後の復興に際して，民本主義や社会主義などの思想に対抗するため，天皇の名において出された詔書は何か。
→「国民精神作興に関する詔書」である。

23 昭和時代　戦前2

1 次の文章を読み，下記の問いに答えよ。 （上智大）

　日本は日米交渉中，1941年11月の (a) アメリカによる提案は1931年9月以前の状態への復帰を求める最後通牒と判断し，交渉の打ち切り，米英への開戦を決めた。日本時間の12月8日，日本軍はハワイの真珠湾を攻撃し，そこに停泊していた米艦隊に壊滅的打撃を与えたが，その直前に米政府に手渡すはずの事実上の宣戦布告である交渉打切り通告は，清書などに手間取り，駐米日本大使の（　ア　）が（　イ　）国務長官にそれを手渡した時にはハワイでの軍事行動は始まっており，米側は，「騙し討ち」とした。また，日本軍は，真珠湾攻撃よりも早く英領（　ウ　）に攻撃を開始しており，日本政府は，これらをうけて米英蘭に宣戦を布告し，アメリカ政府も対日宣戦を布告し，ここに太平洋戦争が始まった。アメリカ政府は翌1942年，日本と内通する恐れがあるなどの理由で米西海岸に住む日系アメリカ人を米内陸部の強制収容所に移転・収容させるなどした。その後，アメリカ政府が収容者に対する謝罪や補償をはじめて行なったのは，（　エ　）年のことであった。

　太平洋戦争の開戦をうけて， (b) 日独伊三国同盟によってドイツ・イタリアも対米宣戦を布告し，アメリカは，アジア太平洋とヨーロッパの二正面戦争に突入した。

　日本軍は，緒戦において勝利し，開戦からの約半年間，東南アジアから南太平洋にかけての広い地域を押さえて，軍政をしいた。日本は当初，戦争を自衛のためのものとしていたが，やがて新たなスローガンが必要となり，「欧米植民地支配からのアジアの解放」とか (c)「大東亜共栄圏」の建設などを主張するようになった。

　同じ時期である1942年4月，時の（　オ　）内閣は，戦争翼賛体制の確立を図って，（　カ　）年以来の総選挙を実施した。その結果として， (d) 大政翼賛会傘下の翼賛政治体制協議会が推薦する候補が当選者中の大多数を占め，彼らは「翼賛議員」と呼ばれたが，協議会の推薦をうけないで立候補して当局からの選挙干渉に苦心しながらも何とか当選した (e)「非翼賛議員」も衆議院議員の定数466人中の（　キ　）数人に達した。

　戦局は，1942年（　ク　）月のミッドウェー海戦で日本が大敗北を喫して逆転し，日本はそれ以降，劣勢に陥った。そのため，日本は，戦略の再検討を余儀なくされ，翌年には防衛線をいわゆる「絶対国防圏」にまで後退させた。そして，日本は物理的な戦局における劣勢を道義面において挽回すべく，そして占領地域の戦争協力を確保すべく，満州国や (f) 中国南京政府， (g) 東南アジアのいくつかの地域の代表者などを東京に集めて，1943年11月，大東亜会議を開き，「大東亜共栄圏」の結束，「西洋帝国主義からのアジア解放」などを採択した。しかし，東南アジアなどにおいて欧米にとって代わった日本の軍政は，戦争遂行のための物資や労働力調達を最優先し，神社参拝や日本語学習に象徴される「皇民化政策」，土木作業や鉱山労働などへの動員などを現地の人たちに強制した。

問1 文中の空欄（ ア ）～（ ク ）に関する次の問いに答えよ。

　(1) 空欄（ ア ）に入る人物は誰か。もっとも適切な人名を次の中から1人選べ。

　　① 出淵勝次　② 堀内謙介　③ 斎藤博　④ 野村吉三郎

　(2) 空欄（ イ ）に入る人物は誰か。もっとも適切な人名を次の中から1人選べ。

　　① ハル　② グルー　③ スティムソン　④ ステティニアス

　(3) 空欄（ ウ ）に入る地域はどこか。もっとも適切なものを次の中から1つ
　　選べ。

　　① ビルマ　② ニューギニア　③ マレー　④ インド

　(4) 空欄（ エ ）に入る数字はどれか。もっとも適切なものを次の中から1つ
　　選べ。

　　① 1986　② 1987　③ 1988　④ 1989

　(5) 空欄（ オ ）に入る人物は誰か。もっとも適切な人名を次の中から1人選べ。

　　① 林銑十郎　② 東条英機　③ 平沼騏一郎　④ 近衛文麿

　(6) 空欄（ カ ）に入る数字はどれか。もっとも適切なものを次の中から1つ
　　選べ。

　　① 1936　② 1937　③ 1938　④ 1939

　(7) 空欄（ キ ）に入る数字はどれか。もっとも適切なものを次の中から1つ
　　選べ。

　　① 50　② 60　③ 70　④ 80

　(8) 空欄（ ク ）に入る数字はどれか。もっとも適切なものを次の中から1つ
　　選べ。

　　① 4　② 5　③ 6　④ 7

□ **問2** 文中の下線部（a）～（g）に関する次の問いに答えよ。

　(1) 下線部（a）の中に**入らないもの**はどれか。次の中から1つ選べ。

　　① 仏印からの全面的無条件撤退　② 満州国の否認

　　③ 日独伊三国同盟の実質的廃棄　④ 日ソ中立条約の実質的廃棄

　(2) 下線部（b）の説明として正しいものはどれか。次の中から1つ選べ。

　　① 三国中の一国から第三国への攻撃時も互いに援助し合うことを約束した。

　　② ヨーロッパおよびアジアの「新秩序」における指導的地位を相互に認めた。

　　③ アメリカを除外する規定があった。

　　④ ソ連を仮想敵国としていた。

　(3) 下線部（c）を1940年から翌1941年までの外相在任時に談話として言ったと
　　いわれている人物は誰か。次の中から1人選べ。

　　① 松岡洋右　② 有田八郎　③ 東郷茂徳　④ 重光葵

　(4) 下線部（d）の説明として**誤っているもの**はどれか。次の中から1つ選べ。

　　① 設立時の首相として総裁に就いたのは，近衛文麿であった。

　　② 1940年に設立された。

　　③ 立憲民政党や立憲政友会などの政党は，すでに1939年末に解党していた。

　　④ 隣組は，これの最末端の協力組織であった。

(5) 下線部（e）の中に**入らない者**は誰か。次の中から１人選べ。

① 岸信介　② 芦田均　③ 尾崎行雄　④ 鳩山一郎

(6) 下線部（f）の中心的人物は誰か。次の中から１人選べ。

① 蔣介石　② 張景恵　③ 周仏海　④ 汪兆銘

(7) 下線部（g）の中に**入らない地域**はどこか。次の中から１つ選べ。

① タイ　② ビルマ　③ ジャワ　④ フィリピン

2 次の文章を読み，下記の問いに答えよ。　　　　　　　　　　（早稲田大）

アジア太平洋戦争期には，軍事動員が激増し，軍需産業が大拡張されたため，兵力・労働力が著しく不足した。兵力不足を補うために，ₐ1943年には多くの学徒の徴兵猶予が停止されたうえ，兵役年限が45歳まで延長され，44年には徴兵年齢が引き下げられた。また1944年には朝鮮，翌45年には台湾に徴兵制が施行された。こうして戦争末期には，兵力動員数は約720万人に達し，男子人口の約　1　％におよんだ。一方，労働力不足を補うために，勅令によって1939年から実施されていた　2　の範囲を広げたうえ，ᵦ学徒を工場などに動員し（学徒勤労動員），女子挺身隊を結成させて女性を動員した。さらに，戦争末期には。朝鮮・中国からの強制連行が激増した。

以上の兵力動員や，統制による転業，　2　，勤労動員に加えて，ₐ空襲に備えての疎開によって，多くの家族が離ればなれに生活することを余儀なくされた。そのうえ，空襲によって，東京はじめ全国の主な都市が焼き尽くされた。空襲と広島・長崎への原爆投下による死者は，最新の調査によると50万人以上におよんだとされる。

また，膨大な軍事費負担とインフレーションの進行の下で，国民生活は著しく圧迫された。とくに食糧生産は労働力・肥料・資材不足によって大幅に低下し，配給量が減少するなかで，人びとは。闇取引・買い出しなどで不足を補い，飢えをしのいだ。

しかし，敗戦後はₐ海外からの兵士の復員と民間人の引き揚げによって，600万人以上の人口が増加し，しかも内地産米の不作と植民地産米移入の途絶などによって，食糧危機に陥ったのである。

☐ **問１**　空欄　1　に該当する数字を選べ。

　　ア　5　イ　10　ウ　20　エ　30　オ　40

☐ **問２**　空欄　2　に該当する語を漢字二字で記せ。

☐ **問３**　下線部a・bに関する説明として，**誤っているもの**はどれか。

　　ア　学生生徒のうち，理工医系，教員養成系は，徴兵猶予停止の対象にならなかった。

　　イ　徴兵猶予停止にともなう学生生徒の動員は学徒出陣とよばれ，1943年には出陣学徒壮行会がおこなわれた。

　　ウ　徴兵年齢は満18歳に引き下げられた。

エ　学徒勤労動員は，大学・高校・専門学校生だけでなく，中学校の生徒も対象とされた。

オ　女子挺身隊は，未婚の女子が対象とされた。

□ **問4**　下線部cのうち，中国人は約4万人が連行されたが，1945年6月，秋田県北の鉱山で，食糧不足や虐待に抗議して多数の中国人が蜂起した。この事件をなんと呼ぶか。

□ **問5**　下線部d・eに関する説明として，正しいものを**すべて**選べ。

ア　1945年3月10日未明の東京大空襲では，焼夷弾と爆弾の大量投下により，推定約10万人が死亡した。

イ　沖縄では，沖縄戦開始にともなって，那覇に対する大空襲が行われた。

ウ　マリアナ諸島を基地とする東京への空襲は，1944年末から開始された。

エ　東京では，3月の大空襲後まもなく，焼け跡に露天商が軒をつらね闇市が開かれた。

オ　学童の疎開は集団疎開を原則とし，国民学校児童全学年を対象に実施された。

カ　疎開は人間だけでなく，工場，家屋など建物についてもおこなわれた。

□ **問6**　下線部fの復員・引き揚げ者数は，次のうちどこからの人数が最も多かったか。

ア　ソ連　　　　　　　　　イ　朝鮮　　　　　　ウ　旧満州（中国東北）

エ　中国（旧満州を除く）　　オ　太平洋諸島

カ　インドネシア・フィリピン・ベトナム

Q? **クエスチョン　ここに注意!!　近代6**

Q1　1929年に，永田鉄山・東条英機・岡村寧次らが陸軍内部につくった結社は何か？
→**一夕会**である。

Q2　日満議定書に調印した日本全権と満州国全権は誰か？
→**武藤信義**（関東軍司令官）と**鄭孝胥**（国務総理）である。

Q3　滝川事件や天皇機関説問題の火付け役となった右翼は誰か？
→**蓑田胸喜**である。蓑田は上杉慎吉の教え子である。

Q4　八大財閥とは何か？
→**三井・三菱・住友・安田**＋**浅野・川崎・古河・大倉財閥**のこと。

Q5　資源の獲得など，1941年に出した南方占領地の支配方針は何か？
→**南方占領地行政実施要領**である。

24 昭和時代　戦後1

1　次の文章を読み，下記の問いに答えよ。　　　　　　　　　　（慶應義塾大）

　ポツダム宣言を受諾した日本は，(ア)連合国の占領下におかれることになった。対日占領政策を実質的に主導した連合国軍最高司令官総司令部（GHQ）は，1945年11月，財閥の資産凍結と解体を指令し，翌年には(イ)財閥所有の株式を一般に売却する措置をとった。1947年の独占禁止法，さらに過度経済力集中排除法へと続く一連の政策が主眼としたのは日本経済の民主化であり，経済の復興ではなかった。

　敗戦後の日本経済は，インフレーションの激化に直面していた。このため　(1)　(2)　内閣は，(ウ)1946年2月に預金封鎖によって過剰購買力を凍結するという対策を講じたが，効果は一時的なものにとどまった。(エ)第一次吉田茂内閣は，傾斜生産方式の採用や基幹産業に重点的に融資を行う　(3)　(4)　の設立などを通じて生産拡大の道を探った。これらの政策は1947年5月に成立した　(5)　(6)　内閣，続く　(7)　(8)　内閣にも継承され，生産拡大に寄与したが，反面財政を圧迫し，また，インフレーションを増幅する要因にもなった。

　このように日本が経済復興への模索を続けている頃，(オ)世界情勢は大きく変化しはじめていた。そのためアメリカは対日占領政策を転換し，日本経済の復興・自立を強く促した。GHQは1948年末，日本政府に　(9)　(10)　の実行を命じ，翌年にはアメリカ政府の特別公使ジョセフ・ドッジが来日し，(カ)ドッジ・ラインと呼ばれる一連の施策の実施を指示した。

　日本経済が自立を目指すためには，鉄鋼業をはじめとする産業での設備の近代化が必要であった。(キ)鉄鋼業では1934年に官民合同の巨大な会社が設立されていたが，同社は過度経済力集中排除法の適用を受け，　(11)　(12)　と　(13)　(14)　に分割民営化された。これらを含む鉄鋼各社は，1950年代に入ると設備近代化に着手した。政府のさまざまな支援に加え，日本が1952年にIMFとともに加盟した　(15)　(16)　からの借款も，鉄鋼各社が大規模な設備投資を行う上での支えとなった。

　一方，鉄鋼業とともに重要産業とされてきた石炭業では，安価な石油の利用拡大の流れに抗することができず，1950年代半ば以降は炭鉱の整理が進められた。1960年に　(17)　(18)　で起きた大規模争議は，石炭業の斜陽化を象徴する出来事であった。

　(ク)1960年代を迎える頃になると日本経済の成長はめざましいものとなり，貿易などの自由化を求める欧米諸国からの圧力も高まりはじめた。1960年代前半の日本は，　(19)　(20)　内閣の下で，開放経済体制への移行を段階的に進めていくことになった。日本は1963年に国際収支上の理由で　(21)　(22)　を行うことができないGATT11条国となり，翌64年には，国際収支上の理由で　(23)　(24)　を行うことができないIMF8条国に移行し，さらに　(25)　(26)　を義務づけているOECDに加盟した。産業界では国際競争の激化

への危機感から大型合併が相次ぎ，鉄鋼業においても， (11)   (12) と
 (13)   (14) の合併によって新日本製鉄が誕生した。

　日本の国民総生産（GNP）は， (27)   (28) 年には西側諸国の中で第2位を
占めるまでに至る。しかし，石油に大きく依存しながら成長を続けてきた日本経済
は，1973年に勃発した (29)   (30) に端を発する原油価格の暴騰で深刻な打撃
を受けた。折しも (ケ)田中角栄首相が唱えた構想の影響で地価が高騰していたこと
とあいまって，激しいインフレーションが生じた。

□ **問1**　文中の空欄 (1)   (2) ～ (29)   (30) に入る最も適切な語句や人名
　を下の語群より選べ。
　　《語群》

01　1966	02　1968	03　1970
04　1972	05　芦田均	06　池田勇人
07　石橋湛山	08　イラン革命	09　片山哲
10　為替管理	11　為替の自由化	12　岸信介
13　金融緩和	14　経済安定九原則	15　経済相互援助会議
16　国際連合	17　五大改革指令	18　佐藤栄作
19　幣原喜重郎	20　資本の自由化	21　シャウプ勧告
22　スエズ動乱	23　世界銀行	24　第4次中東戦争
25　高島炭鉱	26　日本開発銀行	27　日本銀行
28　日本鋼管	29　日本興業銀行	30　日本製鋼所
31　鳩山一郎	32　東久邇宮稔彦	33　富士製鉄
34　復興金融金庫	35　貿易の自由化	36　三池炭鉱
37　三菱重工業	38　八幡製鉄	39　夕張炭鉱
40　輸出規制	41　輸入拡大	42　輸入制限
43　吉田茂	44　湾岸戦争	

□ **問2**　下線部（カ）について，ドッジ・ラインの内容に関して下の選択肢から最も
　適切なものを1つ選べ。
　　1　流通する通貨量を減らすため，新円への切換えを行った。
　　2　品目等によって為替レートが異なる複数為替レートを廃止した。
　　3　資本の蓄積を促進するため，大幅な税制改革を行った。
　　4　財政赤字を1948年度の半分に削減することを目指す予算を編成した。

□ **問3**　以下の設問に答えよ。
　　［1］　下線部（ア）について，連合国による対日占領政策の最高決定機関とし
　　　てワシントンに設置された組織を何というか。
　　［2］　下線部（イ）について，財閥所有の株式を譲り受けて売却を行った組織
　　　を何というか。
　　［3］　下線部（ウ）について，これを含む一連の対策を命じた指令を何という
　　　か。

［4］　下線部（エ）について，第一次吉田内閣が経済の復興計画を推進するた
　　　　めに設置した組織を何というか。
　　［5］　下線部（オ）について，1947年3月にアメリカ大統領が発表したソ連
　　　　封じ込め政策を内容とする声明は何と呼ばれているか。
　　［6］　下線部（キ）について，この会社の名前を書け。
　　［7］　下線部（ク）について，1958～61年の日本の好景気を何というか。
　　［8］　下線部（ケ）について，この構想を何というか。

2　**次の史料を読み，下記の問いに答えよ。**　　　　　　　　　　（早稲田大）
　現在の政治体制の構成がいつできたかときかれれば，私はためらわず一九五五年
と答える。つまり，その年の秋におこなわれた社会党統一と保守合同が，現在の政
治体制の額縁をつくったのである。もちろん(1)講和条約も(2)占領体制も太平洋戦
争も，大正デモクラシーも明治維新も，さかのぼれば数かぎりない事件や人間の所
産が現在を構成しているにちがいない。しかし，それらが現在になだれこむ大ダム
ができたのはやはり一九五五年である。将来はさらに新しいダムができるであろう
けれども，現在は一九五五年のダムのなかにある。（下略）
　　　　　　（出典）升味準之輔「一九五五年の政治体制」『思想』1964年4月号。

□ **問1**　下線部（1）について，**誤っている記述**はどれか。
　　ア　アメリカのダレス外交顧問は対日講和からソ連などを除外し単独講和を進
　　　　めた。
　　イ　日本社会党は講和条約の批准をめぐって左右両派に分裂した。
　　ウ　ソ連や中華人民共和国はいずれも講和会議に招かれなかった。
　　エ　日本は朝鮮の独立を承認した。
　　オ　沖縄，小笠原諸島，北緯29度以南の南西諸島はアメリカの施政権下にお
　　　　かれた。
□ **問2**　下線部（2）について，**誤っている記述**はどれか。
　　ア　連合国による日本占領政策の最高機関として東京に極東委員会が設置され
　　　　た。
　　イ　連合国軍最高司令官のマッカーサーは，朝鮮戦争に際して国連軍最高司令
　　　　官に任じられるが，中国東北地方の爆撃作戦をめぐりトルーマン大統領と対
　　　　立し，解任された。
　　ウ　連合国軍最高司令官総司令部（GHQ）に対する批判は，プレス＝コード（新
　　　　聞発行綱領）により禁止された。
　　エ　婦人参政権の賦与，労働組合の結成奨励，教育制度の自由主義的改革，秘
　　　　密警察などの廃止，経済機構の民主化の五大改革指令が指示された時の首相
　　　　は幣原喜重郎であった。
　　オ　寄生地主制から農民を解放し，自作農を創設する農地改革が行われた。

3 次の史料を読み，下記の問いに答えよ。 （早稲田大）

①〔史料〕1

第1条

   （a）　日本国と各連合国との間の戦争状態は，・・・この条約が日本国と当該連合国との間に効力を生ずる日に終了する。

   （b）　連合国は，日本国及びその領水に対する日本国民の完全な主権を承認する。

②〔史料〕2

第4条　締約国は，③この条約の実施に関して随時協議し，また，日本国の安全又は極東における国際の平和及び安全に対する脅威が生じたときはいつでも，いずれか一方の締約国の要請により協議する。

第5条　各締約国は，日本国の施政の下にある領域における，いずれか一方に対する武力攻撃が，自国の平和及び安全を危うくするものであることを認め，自国の憲法上の規定及び手続に従って共通の危険に対処するように行動することを宣言する。

□ **問1**　下線部①の条約をめぐって，日本国内に論争が生じた。この条約を締結した首相は，政府の立場を批判するある知識人の主張を「曲学阿世の徒」の言葉に過ぎないとして批判した。批判された知識人は誰か。

   あ　安倍能成　　　い　大内兵衛　　　う　南原繁

   え　矢内原忠雄　　お　和辻哲郎

□ **問2**　下線部②を締結した首相について，**誤っているもの**はどれか。

   あ　東条内閣で商工大臣に就任　　　　い　A級戦犯容疑者として逮捕

   う　初代自民党幹事長に就任　　　　　え　第1次防衛力整備計画を決定

   お　警察官職務執行法の改正を実現

□ **問3**　下線部③の規定に基づき協議機関が設置され，その下部機関の小委員会が70年代に報告を提出し，当時の内閣が閣議決定したものが「日米防衛協力指針（ガイドライン）」である。「日米防衛協力指針」を閣議決定し，直後に辞職した首相は誰か。姓名を記せ。

Q? クエスチョン　ここに注意!!　近代7

Q1　戦前，日米関係の緊張緩和に努力したアメリカの駐日大使は誰か？
→（ジョセフ・）**グルー**である。

Q2　本土決戦論を唱え，1945年8月15日に自決した，鈴木貫太郎（すずきかんたろう）内閣の陸相は誰か？
→**阿南惟幾**（あなみこれちか）である。

25 昭和・平成時代　戦後2

1 **次の文章を読み，下記の問いに答えよ。**
（早稲田大）

　1960年代後半以降，輸入よりも輸出が超過する状態が定着した日本経済は膨大な　 a 　をため込んでいたが，ィ1985年9月の「プラザ合意」による急速な円高は，輸出型の産業に大きな打撃を与えた。輸出型産業を中心とする不況により，国内の設備投資はあまり進まなかった。政府や日本銀行は，この不況に対処するため，　 b 　主導型の経済を促し，公共投資の拡大や超　 c 　政策を実行した。それらの結果生じた余剰資金の投資先に困っていた企業や銀行などの金融機関は，土地や株式を投機的に購入し，返済可能性が高くない企業にも積極的に資金の貸し付けを行った。こうして，不動産市場や株式市場に大量の資金が流れ込み，地価や株価が投機的に高騰するという，いわゆるロバブル経済がしばらくの間，続いた。

　バブル経済によって，資産や所得の格差が拡大したため，政府や日本銀行は，土地への融資の規制や金利の引き上げを行った。そのため，地価や株価は急激に下落し，投機を行った企業の一部が倒産し，借りた資金を返済できないという金融機関の不良債権問題が起こり，ハ実体経済の不況に波及した。各企業は，この不況を乗り切るため，事業の整理や海外展開，また大量の人員削減を行った。政府による種々の規制やコスト高を嫌った企業は，主にアジア諸国に工場を移転し，そのことによって国内産業の一部が衰退するといった，産業の　 d 　現象が起こり，日本企業の多国籍化が急速に進んだ。

☐ **問A**　空欄aに該当する語句を，漢字4字で記せ。
☐ **問B**　空欄bに該当する語句を，漢字2字で記せ。
☐ **問C**　空欄cに該当する語句を，漢字3字で記せ。
☐ **問D**　空欄dに該当する語句を，漢字3字で記せ。
☐ **問E**　下線部イに関する記述として**誤っているもの**を1つ答えよ。
　　1. この合意は，第一次中曽根内閣の時になされた。
　　2. この合意に関する会議の参加国は，日本，アメリカ，イギリス，フランス，ドイツであった。
　　3. この合意の名称は，会場となったニューヨークのホテルの名前にちなんでいる。
　　4. この合意の2年後には，イタリア，カナダが会議に加わった。
　　5. この合意の直前には1ドル＝240円台だったが，1年後には1ドル＝150円台に上昇した。
☐ **問F**　下線部ロに関する記述として**誤っているもの**を1つ答えよ。
　　1. この間に，日米の貿易摩擦解消のため，日米構造協議が開催された。
　　2. この間に，政治家や官僚などへ未公開株を譲渡したリクルート事件が起こった。
　　3. この間に，日本の政府開発援助（ODA）が初めて世界第一位となった。

4. この間に, 牛肉・オレンジの輸入自由化に関する日米の最終合意が得られた。
5. この間に, 日米半導体協定が廃止された。

□ **問G**　下線部ハに関して, 後に何と呼ばれるようになったのかについて, もっとも適当なものを1つ答えよ。
　　　1. IT不況　　　2. 円高不況　　　3. 複合不況
　　　4. 証券不況　　　5. 構造不況

2　**次の文章を読み, 下記の問いに答えよ。**　　　　　　　　　　　　（早稲田大）

A　女性の解放と経済的自立を促す機関として, 労働省に設置された婦人少年局の初代局長には, 女性解放の理論家・運動家であった 1 が就任した。

B　戦前から続いてきた 2 制度は, 占領期に名目上廃止されたが, 実質的には業者の拘束のもとに管理売春として継続した。これに対して女性団体などの運動が高まり, 管理売春を処罰する売春防止法が成立した。

C　日本政府が国連の女子差別撤廃条約に署名し, その後批准に向けて, 差別撤廃の法的な整備をする義務が生じ, 3 が制定された。

D　アメリカで始まったウーマン・リブの運動（women's liberation movement）は, 日本でも起こり, 男性の立場を基準とする両性のあり方や意識そのものを問う運動として展開され, 衝撃を与えた。

E　原水爆禁止運動が高まるなかで, 「子どもを守る母親」という共通の思いから, さまざまな地域・職業・階層の女性たち2千人が集い, 第1回日本母親大会が開催された。

□ **問1**　 1 に該当する人物の氏名を漢字で記せ。
□ **問2**　 2 に該当する語を漢字2字で記せ。
□ **問3**　 3 に該当する法律名を漢字で記せ。
□ **問4**　A〜Eを時代順に並べると, 正しいものはどれか。
　　　ア　E→C→B→D→A　　　イ　A→E→B→D→C
　　　ウ　B→A→E→D→C　　　エ　D→A→B→E→C
　　　オ　C→E→A→B→D

Q?　**クエスチョン　ここに注意!!　現代1**

Q1　占領政策の転換によって, 対日賠償の軽減や企業分割緩和を進言した来日使節団の名は何か？
→**ドレーパー使節団**である。ドレーパーはアメリカの陸軍次官。

Q2　MSA協定調印の前年, 日本の再軍備について合意を確認した会談とは何か？
→**池田・ロバートソン会談**である。

大学入試　全レベル問題集

日本史

［日本史探究］

4　私大上位・最難関レベル

新装新版

Obunsha

目 次

1 旧石器時代～弥生時代

問題：本冊 p.10

1	A 0 B 3 C 5 D 4 E 3 F 7 G 3 H 1 I 8
2	問1 オ 問2 環状列石 問3 イ 問4 ア，イ 問5 イ，オ
3	問1 エ 問2 イ
4	問 (1) (2) 23 (3) (4) 03 (5) (6) 19 (7) (8) 02
	(9) (10) 21 (11) (12) 17

解説

1 A＝0…北海道の黒曜石の産地は**十勝岳**と**白滝**である。したがって，該当なし。

（難）B＝3（高原山）…難問。栃木県の高原山から産出した黒曜石が静岡県や長野県の遺跡から発見されている。

C＝5（姫島）…大分県では**姫島**。九州地方では，**阿蘇山**（熊本），**腰岳**（佐賀）などが産地。

D＝4（AMS）…AMS法とは加速器質量分析法といい，極微量の炭素14濃度を測定できる。

E＝3（放射性炭素）…**放射性炭素年代測定法**は，生物遺体の放射性炭素14の量を測定することで年代測定ができる方法。最近では，AMS法を採用して精度を高めている。

F＝7（年輪）…**年輪年代法**は年輪が毎年1本ずつ形成されるので，ここから年代を決定できる標準パターンを作成して年代を測定している。

G＝3（三角縁神獣鏡）…卑弥呼が魏から贈られた銅鏡として注目されているのは，**三角縁神獣鏡**。椿井大塚山古墳（京都）から32枚，黒塚古墳（奈良）から33枚出土している。

（難）H＝1（画文帯神獣鏡）…景初三年の銘のある画文帯神獣鏡も発見されている。

（難）I＝8（神原神社）…景初三年の銘のある三角縁神獣鏡は島根県の神原神社古墳，画文帯神獣鏡の方は大阪府の和泉黄金塚古墳で出土している。

2 （難）問1 オ…縄目文様は終末期にもあり，弥生時代に継承された。イ - 黒曜石やひすいは簡単であるが，アスファルトや琥珀が交易されていたかは難しい。ウ - 漆工芸は青森県の三内丸山遺跡，是川遺跡，亀ケ岡遺跡などから漆塗りの弓や太刀が出土している。

✎ 合否を分けるチェックポイント ▶▶ 黒曜石以外の交易品

アスファルト…接着剤，秋田県から新潟県一帯で産出，槻木遺跡（秋田）
琥珀…装身具の原材料，岩手県，千葉県，北海道などから産出

問2 環状列石…**環状列石**は円形に石をならべた巨石記念物の1つ。大湯遺跡（秋田）の場合は墓地の一種とみる説が有力である。

問3 イ…青銅器は弥生時代。新石器文化は**磨製石器と土器を伴う文化**。

問4　ア, イ…ア - 東日本はサケ・マス, クリ・クルミなど食料資源に恵まれていた。イ - 三内丸山遺跡は縄文時代前期の末から中期末まで1500年間にわたるが, その定住生活の痕跡は大規模集落や集団墓によってわかる。ウ - イモ類は補助的なもの。エ - 沖縄では「続縄文文化」でなく貝塚文化〔南島文化〕である。オ - クリやドングリは東日本（落葉広葉樹林帯）中心に採集された。

（難）問5　イ, オ…いもオも難問。呪術師やシャーマンというと卑弥呼を思いうかべるが, シャーマニズムは縄文時代にも存在した。大型住居の評価も難しい。大型竪穴住居は儀礼などの集会所と考えられている。ア - 土偶は弥生時代に入ると消滅した。ウ - 土偶や土版は, 西日本でなく東日本中心に分布している。エ - 縄文時代後期では早すぎる。水稲耕作が晩期に伝わったので, 早くても縄文時代**晩期**に流入した, と考えられる。

3　問1　エ…石匙は打製石器で, 縄文時代動物の皮をはぐために使われた道具。ア - 太型蛤刃石斧もウ - 扁平片刃石斧も弥生時代の木材伐採用・加工用の道具。

問2　イ…これが2世紀後半の「倭国大乱」とされているもの。ア - 『漢書』地理志では, 倭は百余国に分かれていたとある。ウ - 「魏志」倭人伝では, 約30余りの国に分かれていたとある。エ - これは『後漢書』東夷伝の記述。

4　問　**（難）**（1）（2）＝23（津雲）…津雲貝塚は約170体の人骨が発見されたことで有名。

（難）（3）（4）＝03（アスファルト）…アスファルトはいわば接着剤として使用された。交易の事例では黒曜石の分布がよく知られているが, アスファルト・ひすい・サヌカイトの分布も資料集などの地図で確認する必要がある。

（5）（6）＝19（擦文）…北海道では7世紀以降, 鉄器や土師器の影響をうけた擦文土器を特色とする**擦文文化**が成立した。したがって, 北海道では旧石器文化→縄文文化→続縄文文化→擦文文化の順になる。ただし, 同じ時期にオホーツク海沿岸一帯ではオホーツク文化が成立した。

（難）（7）（8）＝02（朝日）…愛知県の環濠集落は朝日遺跡。

✎ **合否を分けるチェックポイント**　　**環濠集落**

環濠集落…吉野ヶ里（佐賀）, 唐古・鍵（奈良）, 大塚（神奈川）, 板付（福岡）は基本事項。さらに池上曽根（大阪）, 原の辻（長崎）, 朝日（愛知）の各遺跡も覚える。

（9）（10）＝21（紫雲出山）…高地性集落の代表例は香川県の**紫雲出山遺跡**。ほかには, 会下山（兵庫）と古曽部・芝谷（大阪）がある。

（難）（11）（12）＝17（コタン）…アイヌ語ではコタンは村〔村落〕の意味。コタン（共同体）はアイヌの人々の生活の最小単位である。

2 ▶ 古墳時代

1 問1 ウ 問2 ウ 問3 エ
2 問1 ③ 問2 ④ 問3 (A) ① (B) ⑥
　　問4 ⑥ 問5 ⑤

解説 **1** 問1 ウ…高句麗と隋は協調関係になかった。隋は3回も高句麗遠征を計画した。その**高句麗遠征が契機となって隋は滅亡**した。イ-高句麗は313年に楽浪郡を滅ぼしたが，帯方郡も滅ぼしている。

問2 ウ…横穴式石室は中期に伝わるが，一般化するのは後期になってからである。ア-前期古墳は形象埴輪でなく**円筒埴輪**である。イ-中期の近畿地方の古墳は，**大仙陵古墳**（大阪）にみられるように，全長400mをこえる巨大古墳が生まれた。エ-竹原古墳は福岡県にある**装飾古墳**である。近畿地方での装飾古墳の事例は極めて少ない。

✎ **合否を分けるチェックポイント** ▶ **装飾古墳の事例**

高松塚古墳（奈良），**竹原古墳**（福岡），王塚古墳（福岡），虎塚古墳（茨城）

難 問3 エ（中尾山古墳）…7世紀になると，畿内の飛鳥とその周辺地域に八角形の墳丘をもつ古墳が出現する。例えば，天智天皇陵とされる御廟野古墳（京都），天武・持統天皇合葬陵とされる野口王墓古墳（奈良）などである。最近では，牽牛子塚古墳（奈良）が斉明天皇陵であることが判明した。エの中尾山古墳は文武天皇陵と考えられている八角墳である。八角墳は大王（天皇）やそれに準ずるクラスの陵墓と考えられており，大王が一般の豪族から超越した存在であることを示そうとしたものと考えられている。

2 難 問1 ③（崇神天皇）…讃・珍・済・興・武の**倭の五王**のうち，済・興・武の3人は『古事記』・『日本書紀』にみられる允恭・安康・雄略の各天皇にあてることにほとんど異論はない。しかし，讃・珍については諸説があり，確定していない。讃は応神天皇，仁徳天皇，履中天皇のいずれか，珍は仁徳天皇か反正天皇とされている。したがって，可能性の最も低いのは③崇神天皇である。

✎ **合否を分けるチェックポイント** ▶ **倭の五王の血縁**

兄弟の関係…讃と珍，そして興と武は兄弟の関係。
父子の関係…済と興は父子の関係。
このうち，済・興・武はこの関係が皇統譜と合うので允恭・安康・雄略の各天皇と確定されている。また，父子の関係は慶應義塾大（法学部）で出題されたことがある。

問2　④（前方後円墳）…稲荷山古墳は前方後円墳である。埼玉古墳群（埼玉）の
うち，国指定史跡となっている９基のうち，稲荷山古墳を含めて８基が前方後円
墳である。

📝 **合否を分けるチェックポイント** ≫≫ **ワカタケル大王関係の史料**

稲荷山古墳…埼玉県，前方後円墳，出土は鉄剣，銘文には獲加多支鹵大王に乎
獲居臣が「杖刀人の首」として仕えたという記事がみえる。
江田船山古墳…熊本県，前方後円墳，出土は鉄刀，銘文には獲□□□鹵大王に
无利弖が「典曹人」として仕えたという記事がみえる。

問3　**(A)** = ①（２回）…これは**十干**（甲乙丙丁戊己庚辛壬癸）と，**十二支**（子丑
寅卯辰巳午未申酉戌亥）を組み合わせて年を数える年紀法である。壬申の乱や戊
辰戦争などはこの干支を使用した歴史用語になっている。干支を用いて60通り
の組み合わせをつくるので，どの組み合わせの場合も同世紀中に最大２回存在す
ることになる。

📝 **合否を分けるチェックポイント** ≫≫ **干支の事例（基本と応用）**

辛卯…391年　高句麗好太王の碑文〔好太王碑の碑文〕
辛亥…471年　稲荷山古墳出土鉄剣銘
癸未…443年または503年　隅田八幡神社人物画像鏡銘
戊午…538年　仏教公伝の時期で戊午説という　『上宮聖徳法王帝説』
壬申…552年　仏教公伝の時期で壬申説という　『日本書紀』
乙巳…645年　乙巳の変で中大兄皇子・中臣鎌足は蘇我蝦夷・入鹿父子を滅
　　　　　　　ぼした。
甲子…664年　甲子の宣で，中大兄皇子は冠位二十六階の制，氏上，民部・
　　　　　　　家部を定めた。

　　(B) = ⑥（471年）…倭王武も含めて**倭の五王**はすべて**５世紀**の大王である。
したがって，471年の可能性が最も高い。

問4　⑥（安東大将軍倭王）…『宋書』倭国伝によれば，倭王武は**安東大将軍倭王**
の称号を授けられた。なお，同書によれば，珍・済・興は安東将軍・倭国王の称
号を授けられた。

問5　⑤（五経博士）…儒教を伝えたとされるのは**五経博士**である。五経博士は
『易経』『詩経』『書経』『春秋』『礼記』の五経の儒教経典に精通した儒学者のこと。
513年に百済が五経博士をヤマト政権に派遣し，以後交代で来日している。

📝 **合否を分けるチェックポイント** ≫≫ **五経博士の事例**

513年　段楊爾が来日　　516年　漢高安茂が来日

1 問1 ウ 問2 ア 問3 ア

2 問1 エ 問2 ア 問3 ウ 問4 飛鳥浄御原宮（あすかきよみはらのみや）

解説 **1** 問1 ウ…継体天皇でなく応神天皇の時に王仁が渡来して『論語』や『千字文』を伝えたという。『古事記』や『日本書紀』が伝える伝承では、西文氏、東漢氏、秦氏などの祖先は、応神朝に、すなわち5世紀に渡来したという。ア‐五経博士については、512年に百済の要求により、大伴金村が加耶諸国の4つ（『日本書紀』では「任那四県」と表記）の支配を承認したことで、翌年に百済が五経博士を派遣してきたのである。したがって、時期は継体天皇の時のこと。

📝 **合否を分けるチェックポイント** ≫≫ 伝説上の渡来人

王仁…西文氏の祖 百済王が王仁を派遣 『論語』『千字文』を伝えたという。
阿知使主…東漢氏の祖 文筆にすぐれていたという。
弓月君…秦氏の祖 百済から来日 機織り・養蚕の技法を伝えたという。

問2 ア…推古天皇は欽明天皇の皇女で、蘇我稲目の娘を母としている。**推古天皇も厩戸王も、蘇我氏との姻戚関係が深い点に注意が必要である。**イ‐推古天皇は用明天皇の同母妹である。ウ‐推古天皇の甥である厩戸王は、穴穂部皇女の息子である。すなわち、厩戸王の父は用明天皇、母は穴穂部皇女である。エ‐推古天皇は敏達天皇の皇后であり、娘は厩戸王に嫁いでいる。複雑な人間関係なので、教科書などで系図をしっかり把握しておきたい。

問3 ア…初めて遣唐使が派遣されたのは、舒明天皇の630年である。遣唐使の最初と最後は関係者も含めて押さえたい。イ‐**阿倍仲麻呂**は帰国を果たすことができなかった。遣唐使藤原清河も同様に帰国できず唐で一生を終えた。ウ‐唐僧鑑真は753年に渡来（754年に入京）、日本に戒律（律宗）を伝えた。

📝 **合否を分けるチェックポイント** ≫≫ 遣唐使の最初と最後

最初の出発…630年 舒明天皇の時 犬上御田鍬・薬師恵日
発遣の中止…894年 宇多天皇の時 菅原道真の建議

📝 **合否を分けるチェックポイント** ≫≫ 遣隋使・遣唐使関係者の中国名

小野妹子…蘇因高　　　阿倍仲麻呂…朝衡　　　藤原清河…河清

---

2 問1 エ…厩戸王の父は敏達天皇でなく用明天皇である。敏達天皇の皇后が推古天皇。**1**でも同様の問題が出題されているが，系図問題は頻度が高いといえる。なお，ウにあるように，推古天皇は飛鳥の**豊浦宮**で即位し，**小墾田宮**で死去した。ともに，蘇我氏と関係の深い土地である。

問2 ア…飛鳥寺の伽藍配置は**一塔三金堂**の方式で，これは高句麗の清岩里廃寺と同形式である。飛鳥寺は蘇我馬子が建立した，**本格的な伽藍を備えた日本最初の寺院**である。伽藍配置は塔を囲んで北東西に三金堂を配する**飛鳥寺式**のタイプである。

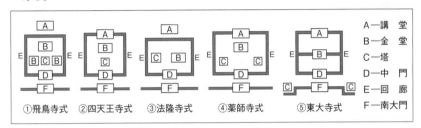

A—講　堂
B—金　堂
C—塔
D—中　門
E—回　廊
F—南大門

①飛鳥寺式　②四天王寺式　③法隆寺式　④薬師寺式　⑤東大寺式

問3 ウ（高市皇子）…**高市皇子**は長屋王の父で，壬申の乱では天武天皇を助けて活躍した。高市皇子の次に生まれたのがエの草壁皇子である。草壁皇子は文武天皇や元正天皇の父。天武天皇の第三皇子がアの大津皇子。聡明な皇子であったが，皇太子草壁皇子に対して謀反を企てたかどで捕らえられ，死を賜った。漢詩は『懐風藻』に，歌は『万葉集』に収録されている。イ-軽皇子は大化の改新で即位した孝徳天皇のこと。オ-有間皇子は孝徳天皇の皇子。

問4 飛鳥浄御原宮…壬申の乱後に，天武天皇が造営した宮。

✎ 合否を分けるチェックポイント ▶▶▶　天智・天武朝の政治

天智天皇…①664年　甲子の宣（冠位二十六階の制を定め，氏上を決め，氏の民部・家部〔＝私有民の国家統制〕を制定した）
　　　　②665年　筑紫に**大野城**・基肄城（ともに大宰府）を築く
　　　　③667年　大和に高安城，讃岐に屋島城，対馬に金田城を築く
　　　　④671年　太政大臣（**大友皇子**）・左大臣（蘇我赤兄）・右大臣（中臣金）を置く
　　　　⑤遣唐使や遣新羅使を派遣
天武天皇…①675年　諸氏に与えた部曲を廃止し，公地公民制を徹底した
　　　　②683年　銅銭の使用を命じる（**富本銭**の可能性が高い）
　　　　③685年　冠位四十八階を定めて官僚制の形成を進める
　　　　④新羅と頻繁に交流（遣唐使の派遣は，1度もなし）

問題：本冊 p.18

1 問1　庚寅年籍　問2　8段240歩　問3　a　④　b　②

2 問1　い　問2　大極殿　問3　お　問4　お

3 問A　3　問B　1　問C　2　問D　6　問E　5　問F　1

4 問1　不破　問2　エ

5 【設問ア】　3　【設問a】　紫香楽宮　【設問b】　紫微中台
　　【設問イ】　2　【設問ウ】　3　【設問エ】　4　【設問オ】　3

解説　**1** 問1　庚寅年籍…持統天皇の時に作成された戸籍は**庚寅年籍**。天智天
　　　　皇の時が**庚午年籍**。

問2　8段240歩…口分田は6歳以上の男女に支給されるので，この5人は全員も
　　らえる。では計算すると，男が3人なので，3×2段＝6段。女が2人なので，
　　2×男の3分の2，すなわち2×2×2/3段となり，8/3段になる。これは2
　　段と2/3段と同じ。男女合わせると8段と2/3段となる。分数2/3段は240
　　歩となる（なぜなら1段＝360歩だから）。それゆえ，口分田面積は8段240歩で
　　ある。

問3　a＝④…女性や老人は税負担が成人男性よりも軽いので，戸籍上では多くなる。
　　b＝②…初期荘園の代表は東大寺である。東大寺領**越前国道守荘**は初期荘園では
　　有名な事例。

2 問1　い…**木簡**は地方官衙も含めて全国各地から出土している。木簡といえば，
　　う‐**郡評論争**決着の決め手や，お‐**長屋王邸**からの発見が有名である。

問2　大極殿…天皇が出御し，政務や国家的儀式を行う場所である。**大極殿**の南に
　　朝堂院がある。元来は八省の中央行政官庁であったが，しだいに儀式に使用され
　　るようになった。これらが大内裏の中心的な施設。

問3　お…これは光明皇后のこと。法華寺は元藤原不比等の邸宅。光明皇后が寺に
　　改めて**法華寺**〔法華滅罪之寺〕を創建した。総国分寺の東大寺に対する**総国分尼
　　寺**とした。長屋王の祖父は**天武天皇**，父は**高市皇子**，妻は**吉備内親王**。

難 問4　お…官道には**駅路**と**伝路**があり，伝路は各郡家間を結ぶ地方の道。やや難。

📝 合否を分けるチェックポイント　　古代の交通制度

七道…都と大宰府を結ぶ**山陽道**などが**大路**，東海道・東山道は中路，他は小路
駅制…都と国府を結ぶ駅路には，約**16km**（30里）ごとに**駅家**が置かれた
駅家…駅家には，駅馬と駅子が配され，駅長が統轄した

---

3 問A　3（大津皇子）…**大津皇子**は聡明で人望が厚く，皇太子草壁皇子にとっ
　　てはライバルであった。そのため，謀反の疑いをかけられて自殺した。

問B　1（藤原宮子）…藤原宮子は藤原不比等の娘，聖武天皇の母である。

問C　2…『日本書紀』完成は，元正天皇の720年であった。

問D　6…該当する答えがない。1の舒明 - 斉明は天皇と皇后，2の欽明 - 斉明は直接の関係はない。3の欽明 - 推古は父子，4の敏達 - 皇極は曽祖父と孫，5の舒明 - 皇極は天皇と皇后の関係。ちなみに，古代の女帝は，推古，皇極＝斉明，持統，元明，元正，孝謙＝称徳の天皇である。

問E　5…聖武天皇は740年に恭仁京へ，744年に難波宮へ，さらに744年に紫香楽宮へ遷都した。この遷都の順番は重要である。

⚫難　問F　1（法隆寺橘夫人念持仏）…橘夫人とは県犬養三千代のこと。彼女は持統，元明，元正3天皇の信任を受け，文武や聖武の養育，光明子（聖武皇后）の入内に功があり，元明天皇より橘姓を賜った。法隆寺にある阿弥陀三尊像は，彼女の念持仏と伝えられている。これはわが国最古の念持仏である。

4　問1　不破…官道に3つの関が設置されたが，これを古代三関という。関ヶ原の戦いが起きた場所の近くとは東山道の関所で，これは不破関である。

⚫難　問2　エ…駅制では，公務で往来する官吏だけが利用できた。もちろん，庶民は利用できなかった。やや難。イ - 少し細かいが，経費は駅田でまかなわれた。2でも出題されたが，古代交通史は早稲田大を中心に頻度が高い問題である。

✏ **合否を分けるチェックポイント** ≫ **古代三関**

鈴鹿関（東海道）　不破関（東山道）　愛発関（北陸道）

5　【設問ア】　3（大宰少弐）…藤原広嗣は四等官の次官にあたる大宰少弐であった。ちなみに，藤原広嗣の乱を鎮圧したのは，大将軍として派遣された参議大野東人である。

【設問a】　紫香楽宮…聖武天皇は742年に離宮紫香楽宮をつくったので，743年ここで大仏造立の詔を出した。正式に都となるのは744年である。

【設問b】　紫微中台…光明皇后の皇后宮職が改編されたのが紫微中台で，藤原仲麻呂はその長官（紫微令という）となった。

【設問イ】　2（752年）…大仏開眼供養の年は孝謙天皇の752年のこと。

【設問ウ】　3（764年）…恵美押勝の乱がおこったのは764年。この乱の後，供養のために，翌年の765年，称徳天皇の勅願により西大寺を建立し，また称徳天皇の発願で陀羅尼経を印刷させた（百万塔陀羅尼）。764年と関係づけて覚える。

【設問エ】　4（淡路）…淳仁天皇は淡路の廃帝といわれるように，淡路に流された。

【設問オ】　3（藤原永手）…光仁天皇の即位に尽力した人物は藤原百川と答えるのがふつうだが，北家の藤原永手（房前の次男）も協力した。

1	問A	2	問B	3	問C	5	問D	5	問E	3		
2	問1	A	格	B	式	C	近江	D	弘仁			
	問2	a	7	b	4	問3	1	問4	3			
3	問	1	②	2	③	3	①	4	③	5	⑥	6　③
		7	①	8	③	9	④	10	⑥	11	④	12　⑥
		13	②	14	⑤	15	④					
4	問1	⑤	問2	御霊会	問3	⑴	問4	(藤原) 彰子				

解説

1 問A　2…桓武天皇は**班田励行**し，6年1班を12年1班に改めた。1，3-天皇は農民負担を軽減し，**雑徭を60日から30日に半減**し，公出挙の稲利息を5割から**3割**に下げた。4-隼人ではなく蝦夷を征討した。隼人は元正天皇の時，大伴旅人によって鎮圧された。5-新羅遠征計画は藤原仲麻呂が立てている。

問B　3（淡路）…藤原種継暗殺事件に関係したとして，皇太子**早良親王**（桓武天皇の弟）が廃された。淡路に配流され，途中で死去した。

問C　5…薬子の変で，平城太上天皇〔上皇〕は自殺でなく出家した。

難 問D　5（桓武天皇）…太上天皇〔上皇〕になったことのない天皇は桓武天皇である。やや難。ちなみに，最初の上皇は**持統上皇**である。

問E　3…藤原基経でなく**藤原良房**の陰謀と考えられている。

> ✎ **合否を分けるチェックポイント** 　　　**承和の変**
>
> ①嵯峨上皇崩御の直後におきる
> ②阿保親王が謀反を密告（橘 嘉智子に）
> ③謀反の疑いで皇太子恒貞親王を廃し，道康親王（→文徳天皇）が皇太子となる
> ④伴健岑が隠岐に，橘 逸勢が伊豆に配流される

2 問1　A＝格，B＝式…この史料は**弘仁格式の序文**である。この冒頭部分に律・令・格・式の説明がある。格は「時を量りて制を立て」（時勢に応じて制度をつくり），式は「闕けたるを補ひ遺れるを拾ふ」（欠けていたものを補い不備を補う）とある。頻度が高いので暗記したい。

C＝近江…天智天皇の時に「令廿二巻を制す」とあるから，**近江令**である。

難 D＝弘仁…引用史料の最後に，律令は何度も改訂したが，格式はまだ編集されていないとあり，大宝元年から始まり，弘仁10年に至るまでのものを整理したとある。やや難である。

問2　a＝7（文武）…大宝律令のことなので，**文武天皇**の時に制定された。

b＝4（不比等）…大宝律令は刑部親王と藤原不比等が中心となって編集した。

問3　1…**庚午年籍**は2年後の670年に作成された。2-壬申の乱は672年，3-大津

宮遷都は667年，4-法隆寺全焼は670年である。

🈺 **問4** 3…養老二年が718年であることは，すぐ後に藤原不比等による**養老律令**の説明があるのでわかる。聖武天皇は714年に皇太子になっている（即位は724年）。やや難である。1-720年に藤原不比等が亡くなると，長屋王は右大臣（のち左大臣）となって政権を担った。718年では大納言であった。2-元明天皇でなく元正天皇。4-712年に太安万侶が『古事記』を撰上した。

---

3 **問** 1＝②（858）…藤原良房が事実上の**摂政**に就いたのは858年。この年，**清和天皇**が9歳で即位し，良房が摂政となった。

2＝③（承和の変）…伴健岑や橘逸勢を排斥した事件。

3＝①（応天門の変）…伴善男とその子中庸を配流した事件。

4＝③（842）…**承和の変**は842年に起こった。

5＝⑥（伴健岑）…春宮に仕えていた**伴健岑**らが謀反の疑いで配流となった。

6＝③（866）…応天門の変は866年に起こった。

7＝①（伴善男）…大納言**伴善男**が排斥された。この事件は**伴大納言絵巻**に描かれている。

8＝③（884）…**藤原基経**が事実上の関白になったのは884年である。この年，陽成天皇を譲位させ，**光孝天皇**を即位させて関白となった。

9＝④（阿衡の紛議）…藤原氏の権勢を認めさせた点で重要な事件であった。

10＝⑥（宇多）…「阿衡」の文字をめぐって宇多天皇は勅書を撤回した。

11＝④（時平）…基経の子息は藤原時平。

12＝⑥（菅原道真が蔵人頭）…宇多天皇が菅原道真を蔵人頭にした。

13＝②（901）…時平は道真が斉世親王を擁立したと，斉世親王の兄醍醐天皇に讒言した。

14＝⑤（昌泰の変）…昌泰4年に起きたので，**昌泰の変**という。

15＝④（右大臣）…菅原道真は右大臣であった。

---

4 **問1** ⑤…乾元大宝の鋳造は醍醐天皇ではなく**村上天皇**の時になされた。あ-**延喜式**がほぼ完全な形で伝わっている点は重要。い-この**荘園整理令**は最初の荘園整理令である。え-『日本三代実録』『延喜格式』『古今和歌集』も醍醐天皇。

問2 御霊会…北野神社（菅原道真）や八坂神社の**御霊会**が代表的。

問3 い（摂津）…下線部③の事件は安和の変のこと。密告した人物は源満仲。満仲は摂津国多田荘に居住して**多田源氏**を称した。

問4 （藤原）**彰子**…**紫式部**が仕えたのが道長の娘彰子（一条天皇中宮），**清少納言**が仕えたのが道隆の娘定子（一条天皇皇后）である。

問題：本冊 p.26

1 問1 ア［6］ イ［14］ ウ［13］ エ［3］ オ［5］
　　　カ［16］ キ［15］ ク［12］ ケ［9］ コ［4］
　　　サ［10］ シ［2］ ス［7］ セ［1］
　　　ソ，タ［8］，［11］（順不同）

　　問2 (1) オ，キ，ス，セ (2) イ (3) ウ，サ (4) ア，コ

2 ア 1 イ 2 ウ 4 エ 2 オ 4 カ 3 キ 1
　【設問a】 庚午年籍 【設問b】 賃租 【設問c】 乗田
　【設問d】 長官 守 次官 介 【設問e】 留守所
　【設問f】 在庁官人 【設問g】 負名
　【設問h】 郡司百姓等解（文）

3 問1 a イ b ロ c ロ　　問2 a イ b ロ c ロ
　　問3 a ロ b イ c イ　　問4 a ロ b イ c イ
　　問5 b　　問6 a ロ b ロ c イ

解説

1 問1　ア＝［6］…藤原純友の乱を平定したのはアの**源経基**。

イ＝［14］…安和の変で密告し，摂津多田荘に土着したのはイの**源満仲**。

ウ＝［13］…藤原道長に仕え，河内源氏の祖となったのはウの**源頼信**。

エ＝［3］…後三年合戦で武家の棟梁としての地位を固めたのはエの**源義家**。

オ＝［5］…出雲で反乱を起こしたのは**源義親**で，その子はオの**源為義**。

(難) カ＝［16］…越前国藤島で戦死したのは**新田義貞**で，その祖はカの**源義重**。

キ＝［15］…「鎮西八郎」はキの**源為朝**のこと。

ク＝［12］…1184年，征夷大将軍に任命されたのはクの**源義仲**。

ケ＝［9］…上総介となったのは，ケの**平高望**〔高望王〕。

コ＝［4］…常陸・下野・上野の国府を攻略したのはコの**平将門**。

サ＝［10］…1028年に反乱を起こしたのはサの**平忠常**。

シ＝［2］…北条氏の祖は，シの**平維時**。

ス＝［7］…保元の乱で崇徳上皇側についたのは，スの**平忠正**。

セ＝［1］…太政大臣となって政権を掌握したのはセの**平清盛**。

(難) ソ（タ）＝［8］…京都近辺9ヶ国の総官就任は難しい。ソの**平宗盛**が就任した後に清盛が没し，宗盛は一門総帥の地位についた。

タ（ソ）＝［11］…南都焼打ちをしたのは，タの**平重衡**。

(難) 問2　複数ある場合はすべて解答しなさいというのは，難しい。とくに(1)ではオの為義，(3)ではサの忠常，(4)ではコの将門をうっかり忘れないようにしたい。

2 ア＝1（30）…戸籍の保存年限は**30年**である。1比は6年なので5比は30年。

イ＝2（国印）…資料集によく**国印**の押された戸籍の写真が掲載されている。

(難) ウ＝4（手実）…戸主による申告文書のこと。「しゅじつ」と読む。

エ＝2（地子）…賃租料は**地子**とよばれ，収穫量の20パーセントを納めた。

オ＝４（郎等）…郎等は都から来て国司の下で徴税などの雑務をする従者のこと。

カ＝３（臨時雑役）…10世紀以降，税は官物と臨時雑役に変わった。

キ＝１（陣定）…陣定は摂関政治期の公卿の会議のこと。

【設問ａ】　庚午年籍…天智天皇の時に作成されたのは庚午年籍。易しい。

【設問ｂ】　賃租…賃租は余った田を農民に１年間賃貸しし，賃租料を納めさせた。春の耕作前に支払うのを賃，秋の収穫時に支払うのを租という。

【設問ｃ】　乗田…班給後の余った田のこと。

【設問ｄ】　長官＝守・次官＝介…国司の場合の長官は守，次官は介と表記する。

【設問ｅ】　留守所…遙任国司の場合の国衙（役所）を留守所という。

【設問ｆ】　在庁官人…地方国衙において，目代の下で実務を担当する役人のこと。

【設問ｇ】　負名…名の耕作請負人のこと。

【設問ｈ】　郡司百姓等解（文）…藤原元命が出てくれば，尾張国郡司百姓等解（文）は易しい。

3 問１　ａ＝イ…正文。10世紀末の奝然，11世紀半ばの成尋が有名。

　ｂ＝ロ…宋の商人は，博多を中心とした九州にやってきた。

　ｃ＝ロ…宋との正式な国交はなかった。中国との正式な国交は室町時代。

問２　ａ＝イ…藤原公任『北山抄』は正しい。

　ｂ＝ロ…『江家次第』は大江広元でなく大江匡房。

　ｃ＝ロ…『西宮記』の著者は源高明。以上の３書は平安時代の有名な儀式書。

問３　ａ＝ロ…屏風などには唐絵や大和絵が描かれた。蒔絵は調度品である。

　ｂ＝イ…正文。「仮名序」は紀貫之が書いた。

　ｃ＝イ…正文。寄木造は大量生産を可能にした。

問４　ａ＝ロ…主として綿でなく絹である。

　ｂ＝イ…正文。米を蒸して食べた。蒸して乾燥したものを干飯〔乾飯，糒〕という。

　ｃ＝イ…正文。仏教の影響で獣肉は用いられなかった。

難 問５　ｂ（平緒）…束帯のとき，腰から袴の上に垂れるもの。太刀の紐の一種。

問６　ａ＝ロ…天台，真言の二宗は依然勢力は強かった。

　ｂ＝ロ…女人禁制は全国にあるが，高野山・比叡山が有名。東大寺は異なる。

　ｃ＝イ…正文。『高野山聖衆来迎図』は有名。

✎ **合否を分けるチェックポイント** ▶▶ 源氏の通称など

源経基（清和源氏の祖）…六孫王	源義家…八幡太郎
源為朝（保元の乱）…鎮西八郎	源義光（義家の弟）…新羅三郎
源義平（義朝の長男）…悪源太	源頼政（以仁王と挙兵）…源三位入道

7 院政期～鎌倉時代1

問題：本冊 p.30

1 問1 ① エ ② ウ ③ カ ④ ア ⑤ キ ⑥ イ ⑦ ク ⑧ オ
　　問2 (1) D (2) C (3) F (4) A (5) H (6) G (7) B (8) E
　　　　 あ [24] い [4] う [1] え [10] お [7]
　　　　 か [17] き [11] く [20] け [19]

2 問A 3　問B 4　問C 3　問D 1

3 問1 ウ　問2 ア　問3 イ　問4 ウ

4 問1 1 在庁官人 2 後嵯峨上皇
　　問2 a イ b ロ c イ 問3 a ロ b イ c イ

解説 1 問1 ①＝エ…後三条天皇の次の天皇なので**白河天皇**。「禅定法王」とは仏門に帰依して髪をおろした天皇のこと。ここでは白河法皇。

②＝ウ…史料は『源氏物語』である。紫式部が仕えたのは**藤原彰子**。彰子は一条天皇の中宮。一条天皇の皇后は定子で清少納言が仕えた。

③＝カ…史料は『梁塵秘抄』なので、**後白河天皇**。崇徳の弟。

④＝ア…有名な史料なので易しい。「太閤」とは**藤原道長**。

⑤＝キ…史料Eに「帝より始め奉りて、大臣・公卿みな悉く移ろひ給ひぬ」とあるのは、福原京遷都を指している。帝は**安徳天皇**。

⑥＝イ…「宇治殿」は易しい。**藤原頼通**のこと。

⑦＝ク…通り一遍の理由で鎌倉幕府を討とうとするのは「上」＝**後鳥羽上皇**が間違っている、と非難している。これは承久の乱のこと。

⑧＝オ…「高陽院内親王」とは鳥羽上皇の娘である。

問2 (1)＝D…小右記は**小野宮右大臣藤原実資の日記**のことで、この省略形が『**小右記**』。有名な道長の望月の歌が掲載されている。

> 📝 **合否を分けるチェックポイント**　　**小野宮と西宮**
>
> 藤原実資…小野宮は京都にあった邸宅の名前。藤原実頼が小野宮殿とよばれたため、その子孫は実資も含めて小野宮家（流）と称され、有職故実の家としても有名であった。
> 源高明…西宮は源高明の邸宅の名前。そのため、源高明が著した有職故実書は『西宮記』とよばれている。なお、『蜻蛉日記』は「西の宮の左大臣流されたまふ。」と、安和の変を伝えている。

(2)＝C…「遊びをせむとや生まれけむ」の歌は『**梁塵秘抄**』の中で有名な歌。

(3)＝F…「道理と末法思想に基づく歴史書」がヒント。慈円の『**愚管抄**』である。後三条天皇の延久の**記録荘園券契所**に言及している。

(4)＝A…この日記は**中御門右大臣藤原宗忠**の日記からタイトルをとっている。

(5)＝H…京都の東寺に伝存した文書。名称は加賀藩主**前田綱紀**が寄進した桐箱にちなむ。永仁の徳政令もこの文書に入っている。国宝、世界記憶遺産である。

(6)＝G…「大義名分論に基づいて，南朝の正統性を主張した歴史書」がヒント。『神皇正統記』である。

(7)＝B…越前守藤原為時の娘とは紫式部のこと。『源氏物語』の冒頭は有名。

(8)＝E…「人生の無常」がヒント。同じ無常観でも，鎌倉時代の初め頃が『方丈記』，鎌倉時代の終わり頃が『徒然草』と覚えよう。

あ＝［24］（藤原実資）…『小右記』は藤原実資の日記。

難 い＝［4］（極楽歌）…選択が難しい。「浄土教の広まり」がヒント。

う＝［1］（慈円）…『愚管抄』がわかれば慈円とわかる。

え＝［10］（新古今和歌集）…慈円は文学にも造詣が深く，和歌は『新古今和歌集』に92首収録されている。

難 お＝［7］（右大臣）…難しい。中御門右大臣藤原宗忠の日記と覚えよう。

か＝［17］（東寺）…東寺百合文書がわかると答えられる。

き＝［11］（北畠親房）…南朝の正統性を主張した歴史書『神皇正統記』から北畠親房を答えられる。

く＝［20］（紫式部）…「越前守藤原為時の娘」や史料Bから判断できる。

け＝［19］（鴨長明）…「人生の無常」，『方丈記』から判断できる。

2 問A　3…これは平清盛のことなので，武士として初めて太政大臣となった。なお，福原京遷都は1180年，清盛没年は1181年である。

問B　4（時忠）…平家でなければ人ではない，と言ったのは平時忠である。

問C　3（六十六）…日本全体で66カ国ある。

問D　1…aとbが正文。c‐摂津国の大輪田泊である。d‐清盛も鎌倉幕府も南宋と貿易した。

3 問1　ウ（義時）…この史料は北条義時追討の宣旨。北条氏の出自は平氏。

　　問2　ア（院庁）…後鳥羽院庁に参上してその裁定に従うべきことを命じた。

問3　イ（仲恭天皇）…勅は天皇の命令文書。ここでは仲恭天皇（4歳）である。

問4　ウ…空欄④には「将軍」が入るので，藤原〔九条〕頼経のことを指す。頼経は関白九条道家の子，したがって九条兼実の曾孫である。

4 問1　1＝在庁官人…北条氏は伊豆の在庁官人出身である。

　　2＝後嵯峨上皇…幕府は後嵯峨上皇の皇子宗尊親王を将軍に迎えた。

問2　a＝イ…正文。彼らは京都にとどまり，六波羅探題の長官となった。

　b＝ロ…「鎌倉時代を通じて」が誤り。西国は初め尾張以西，のち三河以西に変わった。

　c＝イ…正文。

問3　a＝ロ…北条泰時でなく北条義時が命じた。

　b＝イ…正文。大田文は，土地の領有関係が記された土地台帳である。

　c＝イ…正文。

1 問1 A [7] B [9] C [4] D [11] E [3]
　　 問2 あ [6] い [5] う [10] え [8] お [2]
　　 問3 ア [6] イ [11] ウ [1] エ [7] オ [13]
　　　　 カ [3] キ [10]
2 問A 5　問B 3　問C 4　問D 1　問E 2
　　 問F 2　問G 4

解説 **1** 問1A＝[7]（大都）…フビライは1264年に**大都**〔北京〕に遷都した。
　　　　B＝[9]（南宋）…モンゴルは南宋攻略の一環として朝貢を求めてきた。
C＝[4]（高麗）…モンゴルは高麗を服属させ（1259年），1268年に高麗使を派遣。
使者は大宰府に来て朝貢を求めた。

> **合否を分けるチェックポイント** ▶ モンゴルからの使者
>
> 潘阜…高麗使　1268年に大宰府に来着　元への朝貢を求めた（蒙古の牒状）
> 趙良弼…元使　1271年・1273年に来日
> 杜世忠…元使　1275年来日　鎌倉（龍の口）で斬殺
> 周福…元使　1279年来日　博多で斬殺

D＝[11]（合浦）…元・高麗軍は合浦に撤退した。弘安の役の時に**東路軍**が出発
した港でもある。
E＝[3]（明州）…弘安の役の時に**江南軍**が出発した港。寧波ともいう。
問2　あ＝[6]…元の使者趙良弼が到来したのは**大宰府**。西海道を行政下に置
いた。
　　 い＝[5]…元は**対馬・壱岐・松浦**を襲撃してきた。対馬は宗氏が支配した。
　　 う＝[10]…対馬・壱岐の襲撃の後，**博多湾**沿岸に上陸。勘合貿易拠点の1つ。
　　 え＝[8]…文面から中国地方とわかる。幕府は文永の役の後に**長門警固番役**
　　　 を課した。
　　 お＝[2]…東路軍は肥前鷹島に退却した後に，ここで江南軍と合流した。
問3　ア＝[6]…フビライの使者が朝貢を求めてきた時の執権は**北条時宗**。時
宗は無学祖元を招いて円覚寺を建立し開山とした。
　　 イ＝[11]…元の再襲に備えて，1275年，**異国警固番役**を制度化した。もとは
　　　 1271年に，臨時に異国警固番役を設置し，九州に所領をもつ御家人を動員した。
　　 ウ＝[1]…九州地方の御家人の統率と訴訟処理のために**鎮西探題**を設置した。
　　　 設置したのは北条時宗でなく貞時である。
　　 エ＝[7]…元寇を契機に，北条得宗家の勢力が強大となっていった。
　　 オ＝[13]…北条時宗の次なので9代執権**北条貞時**。永仁の徳政令を発布した。
　　 カ＝[3]…御内人筆頭（＝内管領）は**平頼綱**。
　　 キ＝[10]…有力御家人**安達泰盛**。安達一族が滅ぼされた事件は**霜月騒動**。

合否を分けるチェックポイント　8代執権時宗・9代執権貞時の重要事項

二月騒動…1272年六波羅南方北条時輔（時宗兄）・名越氏ら反得宗勢力を時
　　　　　　宗が弾圧
三別抄の乱…1270～73年，高麗で王直属軍や民衆が抵抗した
竹崎季長…**竹崎季長**は御恩奉行安達泰盛に直訴し，九州に所領をもらう
弘安の徳政…**安達泰盛**が貞時の外祖父として御家人保護の政治改革を行う
霜月騒動…有力御家人安達泰盛が内管領平頼綱に滅ぼされる
平禅門の乱…執権貞時が幕府の実権を握った内管領**平頼綱**を滅亡させた

2　**問A**　　5（麦）…これは**二毛作**の史料である。「田稲を刈り取るの後」に何か
　　を「蒔く」とあるので，二毛作と判読できる。**裏作は麦**である。

問B　　3…文永の役は1274（文永11）年であるが，文永の年を8代執権**北条時宗**
　　の時代（時宗は文永5年に執権）と考えて差し支えない。aとdは5代執権時頼
　　の時の事項である。残りのbとcは9代執権貞時の時の事項。

問C　　4…b-**北条時房**は初代連署である。c-連署は執権を補佐する役職。a-連署は，
　　北条泰時が承久の乱後に設置した。d-平頼綱は，連署でなく内管領である。

問D　　1（北条貞時）…この史料は**永仁の徳政令**。9代執権**北条貞時**が出した。

問E　　2（越訴）…越訴とは一度下された判決に誤りがあるとして再び訴訟を提起
　　すること。史料では，越訴は原判決で敗訴した者も勝訴した者もともに困窮の原
　　因となる，として越訴を禁止している。

問F　　2…ホ-御家人，ヘ-本主，ト-非御家人である。史料をもう一度確認して
　　おこう。①御家人が御家人に売却した場合…**御家人への売却地は，20年未満の
　　土地に限り無償で取り戻せる（20年を経過したら取り戻すことはできない）。②
　　御家人が非御家人に売却した場合…非御家人・凡下への売却地は，年数に関係な
　　く無償で取り戻せる（20年を経過しても取り戻すことができる）。**

問G　　4…「利銭出挙」とは，利息をつけて銭を貸すこと。下線部チはその訴訟は
　　受けつけない，ということである。

合否を分けるチェックポイント　鎌倉仏教開祖の重要事項

法然…「**一枚起請文**」（臨終の病床で書いた起請文），**承元の法難**（法然らがう
　　　　けた迫害）
親鸞…『**愚禿鈔**』（諸宗派を批判して真宗の教義を説く）
日蓮…『**観心本尊鈔**』（日蓮宗の教理体系を述べる），『**開目鈔**』（佐渡流罪中の
　　　　著作），「**四箇格言**」（他宗を折伏するために唱えた，「念仏無間・禅天魔・
　　　　真言亡国・律国賊」の四句のこと）
道元…『**普勧坐禅儀**』（坐禅の意義と方法），『**永平清規**』（生活規律）

1	問1　ア　問2　ウ　問3　ア　問4　イ
2	問A　1　問B　4　問C　5　問D　4　問E　1　問F　3
3	問1　高師直　問2　観応の擾乱　問3　足利義満
	問4　（応安の）半済令　問5　上杉禅秀の乱
4	問1　今川貞世〔了俊〕　問2　大内義弘　問3　善隣国宝記
	問4　足利満兼

解説

1 問1　ア（伯耆）…史料は「今の例は昔の新儀也。朕が新儀は未来の**先例たるべし**」という有名なフレーズがある『**梅松論**』である。後醍醐天皇は隠岐を脱出し，伯耆の豪族名和長年に迎えられ，そして京都に戻ってきた。

問2　ウ（楠木正成・名和長年）…史料では楠木正成・名和長年らの忠臣がつきしたがった，とある。

> **✎ 合否を分けるチェックポイント**　後醍醐天皇の忠臣
>
> **三木一草**という…楠木正成・名和長年・結城親光・千種忠顕
> 　　　└→楠木の木，名和は伯耆の耆，結城の城，千種の種

問3　ア…後醍醐天皇は**後三条天皇**が設置した記録所を復活させた。イ‐奥州将軍府でなく**陸奥将軍府**。ウ‐守護と国司は併置された。エ‐太政官符でなく**天皇の綸旨**である。

（難）問4　イ…「内奏」は有利な裁可を得るために，近臣等を通じて天皇に訴えることで，「非義」は道理にはずれたことを行うことである。

2 問A　1（鎌倉）…史料Ⅰは**建武式目**である。幕府の所在地を元のように**鎌倉**にするのか，他の場所にするのか，という意味である。

問B　4…「右幕下」は**右近衛大将 源 頼朝**のこと。したがって，4「石橋山の戦いで敗れた」が該当する。5は「後白河法皇によって征夷大将軍に任ぜられた」が誤り。結局，後白河の死後，関白九条兼実の計らいで後鳥羽天皇から任命された。

問C　5（佐々木導誉）…「ばさら大名」の代表は**佐々木導誉**〔高氏〕である。もうひとり挙げるとすれば，美濃の守護土岐頼遠である。

問D　4…足利直義について，bとcが正しい。a‐直冬は尊氏の子で直義の養子。d‐観応の擾乱の中で，兄尊氏に鎌倉で毒殺された。

問E　1…後醍醐天皇が**公武一統の政治**をめざしたのであるから，1の文章の正誤判断はできるであろう。2‐**武士社会の慣習を無視**したため，武士は離反していった。3‐院宣でなく綸旨を重視した。4‐記録所〔記録荘園券契所〕は一般政務を担当した。訴訟処理は雑訴決断所の担当である。5‐武者所長官には新田義貞を

起用した。

問F　3（『職原抄』）…『職原抄』は北畠親房の有職故実書である。

3 🈡 問1　高師直…史料は受験生には未見のもの（『難太平記』『太平記』『梅松論』など）ばかりである。難問である。将軍の執事がヒント。将軍は**足利尊氏**。『仮名手本忠臣蔵』から判断するのは，受験生には難しい。この話は時代を室町時代に変更したもので，敵役の吉良上野介は**高師直**という設定である。

問2　観応の擾乱…足利直義は三条殿，錦小路殿と称せられた。大御所は足利尊氏なので，尊氏と直義の対立とは，**観応の擾乱**のことである。

問3　足利義満…資料(ハ)の冒頭の「細河右馬頭頼之」とは**細川頼之**のこと。頼之は２代将軍義詮の遺命により，幕府の管領となって幼少の将軍義満を助けた。

問4　（応安の）半済令…守護の荘園侵略に一定の枠を設けるため，1368年に出された法令は**応安の半済令**である。観応の半済令と区別しないと混乱する。これは義満が３代将軍に就任する直前に，管領細川頼之が出したもの。天皇家や摂関家・寺社の荘園は半済の対象外とした。

問5　上杉禅秀の乱…「満元」は管領細川満元のことだが，将軍義持がヒントで時代が判断できる。この時代，鎌倉公方と前関東管領との間に起こった戦乱とは，**上杉禅秀の乱**である。上杉氏憲〔禅秀〕が将軍義持の弟義嗣と結んで，鎌倉公方**足利持氏**に反発して起こした乱。

4 問1　今川貞世〔了俊〕…九州探題を解任されたことがヒント。**今川貞世〔了俊〕**は九州探題として南朝制圧に大きな功績を残した。応永の乱の後は，和歌や連歌，著述に残余の人生を過ごした。著書に『**難太平記**』がある。

問2　大内義弘…1399年がヒント。1391年の**明徳の乱**と1399年の**応永の乱**は間違えやすいので注意。応永の乱では，**大内義弘**が鎌倉公方と結んで反乱したが，失敗した。

問3　善隣国宝記…**瑞溪周鳳**がまとめた漢文による古代・中世の外交史，明・朝鮮と往復した外交文書集である。

問4　足利満兼…**足利満兼**は３代鎌倉公方。応永の乱に加担して上洛を企てたが，義弘の敗北と関東管領の諫止によって断念した。なお，鎌倉公方は，初代基氏→２代氏満→３代満兼→４代持氏→５代成氏（以下略）と続く。

問題：本冊 p.42

1 〔設問ア〕1 〔設問a〕足利持氏 〔設問イ〕3 〔設問b〕嘉吉
〔設問ウ〕3 〔設問c〕義就 〔設問d〕平等院 〔設問エ〕4
〔設問オ〕2 〔設問カ〕2 〔設問e〕富田林 〔設問f〕1536年

2 問1 ① 問2 ② 問3 ③ 問4 イ ⑥ ウ ④
問5 草戸千軒

3 問A 1 問B 1 問C 3 問D 1 問E 5

解説

1 🈔 〔設問ア〕1（足利義量）…5代将軍の名は難しいかもしれない。
数え19歳で早世。

〔設問a〕足利持氏…6代将軍足利義教就任で対立した鎌倉公方は**足利持氏**。この
対立は，永享の乱となっていった。

〔設問イ〕3（播磨）…正長の徳政一揆の影響が播磨に及び，**播磨の土一揆**となった。

〔設問b〕嘉吉…赤松満祐が将軍義教を暗殺したのが**嘉吉の乱**〔変〕，そのため起こっ
たのが嘉吉の徳政一揆〔土一揆〕である。

〔設問ウ〕3（享徳）…1454年の**享徳の徳政一揆**〔土一揆〕以降は，分一銭を納入
させる**分一徳政令**の発布が多くなった。

〔設問c〕義就…応仁の乱では，畠山政長が東軍，**畠山義就**が西軍に分かれて戦った。

〔設問d〕平等院…**宇治平等院**で集会を開き，三十六人衆を決定し，**国掟**を定めた。

〔設問エ〕4（富樫政親）…加賀の守護大名。

〔設問オ〕2（百姓）…一揆勢が名目上の守護に**富樫泰高**をたて，実質的に支配す
る体制が約100年間続いた。それが「**百姓の持ちたる国のよう**」だと表現された。

🈔 〔設問カ〕2（日像）…室町時代の**日親**の前に，鎌倉末期の**日像**が京都の町衆に日
蓮宗を布教し，京都日蓮宗の発展の礎を築いた。日像は日蓮の孫弟子にあたる僧。

〔設問e〕富田林…**富田林**は河内国の寺内町。興正寺を中心に発達した。

📝 合否を分けるチェックポイント ≫≫ やや細かい寺内町の事例

富田林…河内国 1560年頃，**興正寺**を中心に発達
金沢…加賀国 1546年，**金沢坊**〔尾山御坊〕を中心に発達
今井…大和国 室町時代末期 **称念寺**を中心に発達

〔設問f〕1536年…**天文法華の乱**がおこったのは1536年。

2 問1 ①（割符）…「さいふ」と読む。中世，為替を組むときに用いた手形（金
銭預り証書）。指定された替銭屋〔割符屋〕でこれを現金化できる仕組みになっ
ている。

🈔 問2 ②（東大寺）…兵庫北関では**東大寺**が関銭の徴収を行っていた。瀬戸内海の
海上交通が盛んであったことを示している。

合否を分けるチェックポイント ▶ 兵庫の関所の設置と関銭徴収

兵庫北関の関銭徴収は**東大寺**，兵庫南関の関銭徴収は**興福寺**が行った
└→北関は東大寺が設置した　　└→南関は興福寺が設置した

問3　③（2700）…「兵庫北関入船納帳」によれば，1445年に兵庫に出入りした船は2700隻以上に及んだ。難しい。

問4　イ＝⑥（坊津）…唐僧鑑真の上陸地としても有名。中世には**日明貿易**の港にもなり，南蛮船も出入りした。

ウ＝④（十三湊）…青森県北西部にあった港。鎌倉時代に十三湖を安東〔藤〕氏が港湾として利用し，津軽地方最大の港となった。

合否を分けるチェックポイント ▶ 中世三津

中世三津…坊津（薩摩），那津（＝博多津　筑前），安濃津（伊勢）

問5　草戸千軒…江戸時代の大洪水によって水没したとされているが，近年の研究では異論が出されている。門前町，港町，市場町と推定されている。

3　**問A**　1（国人）…受験生にとっては未見の史料だが，問題の解説文を丁寧に読めば解答できる。「地方の有力武士」，「一揆」がヒント。史料Ⅰは安芸国人一揆の史料。

問B　1（将軍家）…難問。一揆勢は守護には対抗するものの，京都にいる将軍にはしたがうとしたのである。

問C　3…応永は**応永の乱**や**応永の外寇**があった時代で，**足利義満や4代将軍足利義持**の時代。応永年間は1394～1428年である。bは1404年，cの上杉禅秀の乱は1416～17年なので該当する。aは1443年（嘉吉条約ともいう），dは1390年。

問D　1…史料の解釈は難しい。しかし，解説文に「史料Ⅱは，毛利氏の家臣たちが主君である毛利氏への服属を誓ったもの」とあるので，判断できる。1以外は内容が当てはまらない。なお，史料では，これからは主君が家臣の裁判を行うので，家臣は本望であろう。したがって，主君の命令は一切おろそかにしてはならない，と述べられている。

問E　5（喧嘩）…史料Ⅲの甲州法度之次第から，**喧嘩両成敗**とわかる。

11 織豊政権

問題：本冊 p.46

1 問1　1 布武　2 座　3 徳政令　4 蔵入地　5 倭乱
　　　問2　a イ　b ロ　c ロ　問3　a ロ　b ロ　c イ
　　　問4　a イ　b イ　c ロ
2 問1　9斗1升　問2　1石2斗

解説　**1** 問1　1＝布武…織田信長は美濃の斎藤竜興（道三の孫）を滅ぼし，居城を稲葉山城に移し，名前を岐阜とした。この頃から，**天下布武**の印章を使用した。この時期から天下統一を意識しだしたと解釈されている。ただ，最近の学説では，天下は日本全体というより畿内を想定して使用した可能性がある，といわれている。

2＝座…楽市令の第1条の史料問題。ここでは座の特権を指している。座の特権，座役，座の雑税などはすべて免除する，としている。

3＝徳政令…「債務を帳消しにする」から徳政が導きだせる。ただし，施行されると表現されているので，法律だとわかる。よって，**徳政令**が正解。

4＝蔵入地…豊臣政権の直轄領は**蔵入地**という。覚えたい事項である。なお，室町幕府の直轄領は**御料所**，江戸幕府の直轄領は**天領**〔**幕領，御料**〕という。

5＝倭乱…文禄の役は朝鮮では**壬辰倭乱**という。慶長の役は丁酉倭乱という。あわせて，**壬辰・丁酉倭乱**とよんでいる。

（難）問2　a＝イ…朝鮮側に投降して，朝鮮に住みついた日本人を**降倭**とよんだ。例えば，加藤清正の軍にいた「沙也加」（日本名は不詳）は金忠善と名乗り，朝鮮に鉄砲の技術を伝えたという。正文。

b＝ロ…日本軍は平壌も占拠したが，朝鮮の首都は**漢城**〔ソウル〕である。

c＝ロ…天皇（後陽成天皇）を朝鮮でなく北京に移す構想を示した。

問3　a＝ロ…和平交渉は，日本側**小西行長**，明側**沈惟敬**との間で行われた。

b＝ロ…秀吉は講和の条件として朝鮮南部の割譲を要求したので，「朝鮮全土を日本の領地とするよう求めた」は誤り。

c＝イ…小西行長は秀吉の講和条件を明側に伝えず，**沈惟敬**と図って条件を変更して，和平交渉にあたった。正文。

✎ 合否を分けるチェックポイント　>> 豊臣秀吉が要求した講和の主な条件

①明皇帝の皇女を天皇の后にする
②日明間の勘合を復活し，官船・商船を往来させる
③朝鮮王子を日本への人質とする
④朝鮮南部（南四道）を日本へ割譲

問4　a＝イ…連行された朝鮮の陶工によって薩摩焼や萩焼などが始められた。正文。その他に，**有田焼**（肥前）・平戸焼（肥前）・高取焼（筑前）・上野焼（豊前）などがある。

b＝イ…慶長勅版は**後陽成天皇**，後水尾天皇が刊行した活字印本をいう。朝鮮より
伝来した活字印刷技術は，わが国の出版事業に大きな影響を与えた。正文。

c＝ロ…捕虜となった朝鮮の儒学者とは，朱子学者姜沆のこと。藤原惺窩らと交流し，
江戸時代の朱子学に大きな影響を与えた。しかし，朱子学がはじめて日本に紹介
されたのは鎌倉時代とされている。その後，禅僧によって研究され，江戸時代に
なって藤原惺窩によって学問として成立した。後醍醐天皇が朱子学の大義名分論
の影響を強くうけたことを思い出してほしい。

2 🎖 **問1**　9斗1升…太閤検地の計算問題である。まず，史料をみると，左か
ら村の耕地の中の**地名**（小竹原など），次に**等級**（上とあるのは上田，下
とあるのは下田である），次に**面積**（1反1畝10歩），次に**石高**（1石7斗），次
に**作人**（耕作者，左衛門二郎）の順で書かれている。**問1**は衛門三郎の土地の石
高が空欄になっていて，その数値を計算せよ，となっている。では，どのように
計算するのか。空欄の1行下をみると，同じ衛門三郎の土地があり，上田，1反，
1石5斗になっている。これを使えばよい。すなわち，1反で1石5斗であるな
らば，同じ上田の6畝2歩の石高はいくら（X）になるか，である。そうすると，
次のような計算式が成立する。

　　1反：1石5斗＝6畝2歩：X

　　単位が複数あるので，計算をしやすくするため，同じ単位に変更する。まずは，
石と反に合わせる。左辺は1反：1.5石と簡単であるが，右辺が難しい。1反
は10畝だから6畝は6／10反，1反は300歩だから2歩は2／300反になる。6／
10反＋2／300反は通分して182／300反である。したがって，計算式は1反：1.5
石＝182／300反：Xとなり，計算すると，X＝0.91石となる。

　　1石＝10斗，1斗＝10升であるから，Xは9斗1升となる。

問2　1石2斗…源内の田地は1石8斗の石高である。年貢率が二公一民ならば，
源内はいくらの年貢をおさめるのか，という問題である。この場合は石高1石8
斗の数字があれば計算できる。その他の項目は無関係である。1石8斗を**問1**と
同様に同じ単位にする。1石＝10斗だから，整数にすると18斗となる。二公一
民は3分の2が年貢で，3分の1が農民の手元に残るのだから，18斗×3分の
2で，答えは12斗である。したがって，年貢は1石2斗となる。

🖊 **合否を分けるチェックポイント** ▷▷▷　**太閤検地の度量衡**

長さの統一…**1間＝6尺3寸**

面積の統一…1町＝10段〔反〕　1段〔反〕＝10畝　1畝＝30歩
　　　　　　1歩＝6尺3寸四方　→注意点は**1段〔反〕＝300歩**

容積の統一…1石＝10斗　1斗＝10升　1升＝10合

公定枡…京都付近で使用されていた**京枡**（江戸時代にも使用された）

問題：本冊 p.48

1 問1　オ　問2　イ　問3　ウ　問4　イ　問5　大嘗
2 問1　エ　問2　ア　問3　エ　問4　ア　問5　ア
3 問1　ウ　問2　エ　問3　ウ　問4　ア
4 問A　2　問B　1

解説

1 問1　オ…一国一城令は大名の居城以外の城を破却するよう命じたもの。ア‐大坂夏の陣の翌年でなく直後に出された。イ‐福島正則は武家諸法度違反で改易された。ウ‐全国の大名を対象としていた。エ‐参勤交代の義務づけは3代家光の時の武家諸法度においてである。

問2　イ…和歌以外，例えば有職故実や政治学などの学問に励むよう指示した。残りは正文。

問3　ウ…京都所司代には譜代大名が任命された。ア‐武家伝奏は公家から選ばれた。イ‐武家伝奏は2名である。エ‐京都所司代は幕府滅亡まで続いた。オ‐京都所司代は将軍直属の役職。

合否を分けるチェックポイント　≫　朝廷統制・監視の役職

初代京都所司代…板倉勝重
初代武家伝奏…広橋兼勝・勧修寺光豊

問4　イ（後桜町）…明正天皇のあとの女性天皇は後桜町天皇。ちょうど田沼時代。

問5　大嘗…「即位儀礼のひとつ」がヒント。大嘗祭は天皇即位後に初めて行われる新嘗祭のこと。幕府は朝廷儀式を復興し，約220年ぶりに東山天皇の大嘗祭を実施した。さらに，幕府は雄略天皇陵の修理を行い，禁裏御料1万石を加増（あわせて3万石）した。

2 問1　エ（6万3000）…17世紀末における全国の村数は約6万3000あまり。

問2　ア（村切）…近世の村は，中世の惣村を村切〔村切り〕で分割して成立した。

問3　エ…本途物成とは，本年貢のことで，田畑・屋敷地に課税されたもの。残りは正文であるが，説明がやや細かい。

難 問4　ア（400）…17世紀末における総石高は約2500万石で，全国の村数約6万3000で割ると，一村あたり約400石となる。

問5　ア…村請制は，年貢が個人ではなく村全体にかけられ，村役人中心に村の共同責任で納める制度である。イ‐検地は検地奉行の下で行われるもので，村が請け負うことはない。ウ‐江戸時代では村が農民支配の基本であった。村という組織に依存して年貢や諸役を課すことができ，また村民を掌握できた。エ‐「村の支配を商人が請け負うこと」は誤り。

3 問1　ウ（大友氏）…豊臣秀吉は惣無事令違反を理由に島津義久を屈服させ，九州を平定したが，その契機は島津氏が豊後の大友氏を討ち，さらに相良氏や龍造寺氏を破ったことにあった。ただ，その事情がわからなくても，「豊後の大名」だけで正解は可能。

問2　エ…（い）- 刀狩令は1588年，（ろ）- 秀吉の関白就任は1585年，（は）- 小田原攻めは1590年，（に）- 小牧・長久手の戦いは1584年であるから，

　　　エ　（に）→（ろ）→（い）→（は）となる。

問3　ウ…文禄の役では，ただちに漢城〔ソウル〕を陥落させたが，李如松率いる明の援軍で戦局は悪化した。しかし，漢城北方の碧蹄館での戦いでは，激戦であったが日本軍は勝利し，明軍は平壌に退いた。残りは正文。

問4　ア…島津氏は与論島以北を薩摩藩領としたので，奄美諸島は薩摩藩の直轄地となったが，台湾に近い先島諸島はそのまま琉球王国の版図であった。残りは正文。

✎ **合否を分けるチェックポイント** ▶▶▶　近世の琉球

征服…1609年，薩摩の島津家久が琉球王国を征服（以後薩摩藩の統治下になる）。国王尚寧は江戸で2代秀忠に謁見
　　　→独立した王国として中国との朝貢貿易を継続させた
検地・刀狩…1611年に検地完了　尚氏の所領8万9000石余りで年貢を上納させた（芭蕉布や黒砂糖など）
謝恩使・慶賀使…3代家光から謝恩使11回・慶賀使10回を派遣させた
歴史書…向象賢（日本名羽地朝秀）が沖縄最初の歴史書『中山世鑑』編纂
ペリー…1853年，浦賀に来る前に琉球に立ち寄る

---

4 問A　2（ア - 回答兼刷還使　イ - 通信使）…朝鮮使節は初めの3回を回答兼刷還使といった。リード文にあるように，日本からの国書への回答と，朝鮮侵略の際に日本へ連行された朝鮮人捕虜の返還を企図した使節であった。3回の刷還で約1700人を送還したという。その後，友好目的の通信使とよばれた。朝鮮使節は1811年までに12回来日した。1811年では，江戸でなく対馬で将軍謁見なしで将軍祝賀が行われた。

問B　1（雨森芳洲）…雨森芳洲は近江生まれで，江戸に出て木下順庵に入門した。雨森は中国語と朝鮮語を長崎と釜山で学び，1689年に木下順庵の推薦で対馬藩儒となり，朝鮮使節の応接に功績があった。しかし，同門の新井白石とはしばしば対立した。著書に『交隣提醒』『橘窓茶話』がある。

問題：本冊 p.52

1 問1　1　宛行　2　保科正之　3　御家　4　側用人　5　孔子
　　　　　6　大学頭　7　服忌　8　歌学

　　　問2　a＝ロ　b＝イ　c＝イ　問3　d　問4　a＝ロ　b＝イ　c＝イ

　　　問5　a＝ロ　b＝イ　c＝ロ　問6　a＝ロ　b＝イ　c＝ロ

　　　問7　a＝イ　b＝ロ　c＝イ

2 問1　1　計数　2　丁銀　3　寛永通宝　4　出目　5　山片蟠桃

　　　問2　a＝イ　b＝イ　c＝イ　問3　a＝ロ　b＝ロ　c＝ロ

　　　問4　a＝ロ　b＝ロ　c＝イ　問5　c　問6　c

3 問1　イ　問2　エ　問3　オ　問4　エ

解説

1 問1　1＝宛行…1664年，家綱はすべての大名に一斉に**領知宛行状**を発給して（寛文印知という），将軍の権威を示した。

2＝保科正之…家綱前半の政治は叔父の**保科正之**（会津藩主）が支えた。

3＝御家…越後高田藩で起きた後継者をめぐる**御家騒動**（越後騒動という）を綱吉が裁いた。

4＝側用人…「老中と将軍の間の連絡にあたる」がヒント。側用人では牧野成貞と**柳沢吉保**が有名である。

5＝孔子…上野にあった孔子廟を湯島に移したのが**湯島聖堂**である。ここで釈奠（孔子を祀る儀式）が行われた。

6＝大学頭…**林信篤**〔鳳岡〕を大学頭に任命し，儒学を奨励した。

7＝服忌…綱吉は服忌令を出して喪や忌引の日数を定めた。

8＝歌学…歌学方に北村季吟，天文方に安井算哲〔渋川春海〕を任命。

問2　a＝ロ…己酉約条は1609年に結ばれた。将軍は秀忠。

b＝イ…シャクシャインの戦いは1669年で，家綱の時代。

c＝イ…諸社禰宜神主法度が制定されたのは1665年で，家綱の時代。

合否を分けるチェックポイント　4代将軍家綱の時代の項目

①1663年　**武家諸法度**（寛文令）…不孝者の処罰，キリスト教の禁止が加わる

②1665年　**諸宗寺院法度**，諸社禰宜神主法度が制定された

③1673年　**分地制限令**　幕領総検地…寛文・延宝の検地（幕領の一斉検地）

④1652年　承応事件，1657年　**明暦の大火**，1669年　**シャクシャインの戦い〔乱〕**おこる

⑤1671〜72年　**河村瑞賢**が東廻り海運，西廻り海運を整備

問3　d（酒井忠清）…家綱の後半の政治は大老酒井忠清が助けた。その屋敷が大手門下馬札のあたりにあったことから「下馬将軍」とよばれた。

問4　a＝ロ…真鍮座は田沼意次の時代。

b＝イ…貿易額をオランダは銀で3000貫，清は銀で6000貫まで制限。

c＝イ…**元禄金銀**を鋳造させた。

問5　a＝ロ…**尾形光琳**が本阿弥光悦や俵屋宗達の画風を発展させた。

　　b＝イ…**正文**。

　　c＝ロ…**宮崎友禅**が創始したのは**友禅染**，権現造は日光東照宮の建築様式。

問6　a＝ロ…かぶき踊りは**出雲阿国**が始めた。

　　b＝イ…**竹本義太夫**，辰松八郎兵衛（人形遣いの名手）が人気をもりあげた。

　　c＝ロ…『**国性爺合戦**』は**時代物**。

問7　a＝イ…安井算哲は元の授時暦を参考にして宣明暦の不備を訂正した。

　　b＝ロ…灰吹法は博多商人神屋〔谷〕寿禎が朝鮮から伝えた。

　　c＝イ…**正文**。

2　問1　1＝計数…金貨・銭貨は**計数貨幣**で，銀貨は**秤量貨幣**であった。

　　2＝丁銀…**丁銀**はなまこ形で40匁前後の大きめの銀貨，**豆板銀**は「小粒」とよばれた5匁前後の銀貨。

　　3＝寛永通宝…「将軍家光」がヒント。**寛永通宝**は江戸時代の代表的銭貨で，幕末まで鋳造された。

　　4＝出目…貨幣改鋳による差益のことを**出目**という。

　　5＝山片蟠桃…『**夢の代**』は**山片蟠桃**の著書。

問2　a＝ロ…**洪武銭**〔洪武通宝〕は明銭。明朝初代皇帝**洪武帝**の時に鋳造された。

　　b＝イ…**正文**。それゆえ，**撰銭**行為が行われ円滑な流通が阻害された。

難　c＝イ…**織田信長**は撰銭令を出している。やや難。

問3　a＝ロ…後藤祐乗は足利義政に仕えた彫金家。**後藤庄三郎**の間違い。

　　b＝ロ…天正大判は豊臣秀吉が鋳造させた。

　　c＝ロ…銭貨を鋳造したのは銅座でなく**銭座**。

問4　a＝ロ…全国各地の諸藩で藩札が発行された。

　　b＝ロ…**福井藩**〔越前藩〕が最初に藩札を発行した。

難　c＝イ…私札の代表例は伊勢で発行された「伊勢羽書」で，その中の山田羽書は明治初年まで発行された。

問5　c（ハ）…これは**南鐐二朱銀**で，8枚で小判1両と交換できる計数銀貨であった。

問6　c（60匁）…幕府は1609年に金1両＝銀50匁＝銭4貫文と定めたが，1700年に金1両＝銀60匁＝銭4貫文に改定した。

3　問1　イ…中山道は板橋から守山までで，67宿ある。

問2　エ…紫雲寺潟新田は越前でなく越後。また，元禄期でなく享保期に干拓が行われた。町人請負新田の代表例である。

問3　オ…現在の秋田県にある出羽院内銀山は，秋田藩が経営した。

問4　エ…久留米絣の生産地は，筑前国でなく筑後国。

1 問1　政談　問2　A　商人　B　武家　問3　イ
　　問4　ア，ウ　問5　エ　問6　ア
2 問1　徳川吉宗　問2　1719年　問3　株仲間
　　問4　町人請負新田　問5　相対　問6　旗本，御家人
3 問1　ア　問2　ア　問3　エ　問4　ウ　問5　ア
4 問1　④　問2　⑤　問3　③　問4　③

解説

1 問1　政談…「江戸中期を代表する儒学者が意見を述べ，将軍に献上した書の一節」とあるが，この史料は荻生徂徠の『政談』である。

問2　A＝商人，B＝武家…冒頭に「元禄ノ頃ヨリ田舎ヘモ銭行渡テ，銭ニテ物ヲ買コトニ成タリ」とあるように，**商品経済の農村への浸透**，したがって幕藩体制の動揺の始まりを的確に表現している。空欄　A　と　B　は武士と商人の立場が逆転してしまったことを指摘している。

問3　イ（蘐園塾）…荻生徂徠が江戸で開いた塾は**蘐園塾**。

問4　ア，ウ…元禄年間は1688年～1704年。ア-赤穂事件は1702（元禄15）年，ウ-松尾芭蕉が奥の細道の旅に出たのは1689（元禄2）年。イ-1707年，エ-1748年，オ-1651年，カ-1715年。

問5　エ…「旅宿ノ境界」は旅の宿にいるような不安定な状態を指す。すなわち，武家が領地を離れて城下町に集住している状況である。幕藩体制の動揺に対する荻生徂徠の処方箋は，**武士土着論**の主張であった。

問6　ア（太宰春台）…古文辞学は古語の意義を明らかにすることで経書を学ぶ方法で，荻生徂徠を祖とし，服部南郭，**太宰春台**などが派を継承した。蘐園学派ともいう。なお，太宰春台の著書は『**経済録**』『**聖学問答**』など。

2 問1　徳川吉宗…史料は8代将軍**徳川吉宗**の享保の改革の時に出された相対済し令である。

問2　1719年…相対済し令は1719年に出された。なお，1729年に改訂された。

問3　株仲間…享保の改革で，商工業者に仲間を結成させ，営業の独占権を認めた。これが**株仲間の成立**である。さらに，田沼時代に広範囲な株仲間の結成がみられた。

問4　町人請負新田…「商業資本による開発事業」がヒント。吉宗は1722年に日本橋に高札を立て，商人資本による**町人請負新田**を進めた。この結果，武蔵野新田，見沼干拓，**紫雲寺潟新田**などの開発が実現した。

問5　相対…この史料のキー・ワード。空欄（　A　）がわかれば，この史料が何かすぐわかる。

問6　旗本，御家人…相対済し令は金公事の増加で他の訴訟などに遅れが生じたので，裁判の迅速化のため出されたが，その背景には経済的に困窮した**旗本・御家人対策**があった。

3 問1　ア（松平定信）…史料の初めの部分を読んでも，だれのことかはわからない。史料の後半を読むと，田沼と対立していた人物だとわかる。その人物が「御老中仰付けられ」とあるので，**松平定信**となる。

問2　ア…これは新井白石の政策。イの棄捐令，ウの洒落本などの出版物弾圧，エの石川島人足寄場は寛政の改革の事項だから，ここから**問1**の松平定信を導きだすこともできる。

問3　エ…**問1**がわかれば，bの人物が田沼意次であることは判断できる。したがって，株仲間の積極的公認の政策が該当する。ア - 綱吉の時代，イ - 享保の改革，ウ - 天保の改革の事項。

問4　ウ…田沼意次の時代に，**浅間山の噴火**や**天明の飢饉**が起こった。

問5　ア…松平定信が旗本・御家人に文武を奨励したことを，うるさいと批判した狂歌である。イ - 上げ米を批判。ウ - 白河藩主松平定信よりも浜松藩主水野忠邦の天保の改革の方が厳しいと批判。エ - 享保の改革で財政難から旗本・御家人への蔵米の支給が遅れたことに対し，その時の旗本の家計が苦しいと批判。

4 🈔 問1　④（凶荒図録）…難問。記録をもとに天明の飢饉の様子を想像した図で，1885年に刊行された。①の「天明之飢饉図」は江戸時代中期に描かれた「天明飢饉之図」を変えたものであろう。

> 🖊 **合否を分けるチェックポイント** ▶▶▶ 　飢饉と飢饉図
>
> 天明の飢饉…「凶荒図録」「天明飢饉之図」
> 天保の飢饉…「荒歳流民救恤図」（渡辺崋山）

問2　⑤…江戸三大飢饉の中で「天明の飢饉」以前に起きた飢饉とは**享保の飢饉**のこと。御救小屋を江戸市中21か所に設けたのは，**天保の飢饉**の時である。御救小屋は江戸時代を通じて設けられたが，基本的に，天保の飢饉の時と理解して構わない。

問3　③（仙台藩）…天明の飢饉は関東・東北で甚大な被害をもたらした。とくに**仙台藩**で死者が多くでたことは知られている。一方，松平定信が藩主であった**白河藩**は領民に質素倹約を命令し，江戸から救急食糧を購入し領民に配るなど救済に努めた。

問4　③…天明～寛政期の藩政改革では倹約奨励，特産物の生産，専売制強化，人材登用などが注目されるが，③の貿易の奨励は鎖国の下ではあり得ない。

1 問1　ア　問2　エ　問3　ウ　問4　プチャーチン
　　問5　日露和親条約　問6　オ　問7　イ

2 問1　A ⑭　B ⑲　C ㉓　D ⑦　E ⑩　F ⑫　G ⑮
　　　　H ⑯　I ⑳　J ㉔　K ⑤　L ③　M ㉒

　　問2　a ㉑　b ⑦　c ㉜　d ㉔　e ⑪　f ㉙
　　　　g ㊱　h ⑯　i ①　j ㉝

3 問1　イ　問2　エ　問3　エ，オ
　　問4　① エ　② キ　③ ア　④ カ　問5　ア

解説

1 難　問1　ア（『環海異聞』）…史料は大槻平次〔磐渓〕の『魯西亜誌』。
大槻磐渓の父である大槻玄沢の著書は『環海異聞』。レザノフが
送還した津太夫らから，大槻玄沢が聞き書きしてまとめたもの。イ・『采覧異言』
は新井白石，ウ・『新訂万国全図』は高橋景保，エ・『航海遠略策』は長州藩公武
合体派の長井雅楽，オ・『辺要分界図考』は近藤重蔵の著書。

> 🖊 **合否を分けるチェックポイント** ▶ 経世論・洋学の難問著書
> ①杉田玄白…『後見草』　②中井竹山…『草茅危言』　③平賀源内…『物類品隲』
> ④司馬江漢…『春波楼筆記』　⑤間宮林蔵…『東韃紀行』　⑥三浦梅園…『玄語』
> ⑦帆足万里…『東潜夫論』　⑧佐藤信淵…『宇内混同秘策』
> ⑨渡辺崋山…『西洋事情書』　⑩高野長英…『三兵答古知幾』

難　問2　エ（「椿説弓張月」）…「文化年中」の作品を答えるのは難しい。化政文化の
作品はイ「春色梅児誉美」，ウ「東海道五十三次」，エ**「椿説弓張月」**の3つある。
このうち，イ「春色梅児誉美〔春色梅暦〕」は天保の改革で弾圧されるので天保
期と判断できる。ウ「東海道五十三次」も天保期のもの。ア「七難七福図」は円
山応挙（天明期の前の明和年間），オ「野ざらし紀行」は松尾芭蕉（元禄期の前
の貞享年間）。

難　問3　ウ…レザノフが送還した津太夫らは，引き取られた。そして大槻玄沢が聞き
書きをした。「受け入れを拒否した」が誤り。

問4　プチャーチン…レザノフの記事で考えると間違ってしまう。下線部④のすぐ
あとに出てくる川路聖謨や次の問5から，時期が幕末だと判断したい。

問5　日露和親条約…日露通好条約ともいう。筒井政憲と川路聖謨が全権となって
プチャーチンと下田で調印した。

難　問6　オ…寛政異学の禁は，**聖堂学問所**において朱子学以外の学問の教授を禁止し
た。ほかの藩校や各地の私塾に対して禁止したのではない。

問7　イ（**徳川家定**）…時期は同じくプチャーチンが来日した時である。この時に
将軍は12代徳川家慶から13代**徳川家定**に変わった。

2 問１　A＝⑭，B＝⑲…都市の⑭問屋商人が資金や原料を**前貸**しして生産を行わせるのが⑲問屋制家内（工業）。

C＝㉓，D＝⑦…作業場を設けて㉓奉公人たちを集め，**分業と協業による生産**を行うようになるのが⑦**工場制手**（工業）〔マニュファクチュア〕。

E＝⑩…マニュファクチュアは⑩酒造（業）で早くから行われていた。

F＝⑫，G＝⑮，H＝⑯，I＝⑳…江戸時代後半になると，京都の⑫**西陣**，尾張の⑮**綿織物**（業），北関東の⑯**桐生**や足利などの⑳**絹織物**（業）でマニュファクチュア経営が行われた。

J＝㉔，K＝⑤…薩摩藩では奄美三島の㉔**黒砂糖**の専売制を強化した。また，島津斉彬は洋式工場群⑤**集成館**を建設した。

L＝③…肥前藩では③**陶磁器**の専売を進めた。反射炉の建設はわが国最初である。

M＝㉒…水戸藩主徳川斉昭は藩校㉒**弘道館**を設立した。

問２　a＝㉑，b＝⑦…㉑**二宮尊徳**も⑦**大原幽学**も農村復興を試みた。

✎ 合否を分けるチェックポイント ≫≫ 19世紀の農村復興

二宮尊徳…相模の貧農出身。北関東中心に**報徳仕法**（勤労・倹約を強調）により荒廃した農地を回復。水野忠邦に見いだされて幕臣となる。

大原幽学…元尾張藩士。下総国香取郡に住み，**性学**を説いた。また，**先祖株組合**（土地共有組織）を結成して農村改革を実施。幕府の嫌疑をうけ自殺。

---

c＝㉜，d＝㉔…薩摩藩主㉜**島津重豪**は下級武士㉔**調所広郷**を登用した。

e＝⑪，f＝㉙…長州藩主⑪**毛利敬親**は下級武士㉙**村田清風**を登用した。とくに下関の**越荷方**で大きな利益を得た。

g＝㊱…肥前では，藩主㊱**鍋島直正**が改革を実施した。

h＝⑯，i＝①…土佐藩では，藩主⑯**山内豊信**〔容堂〕の改革があった。その後，①**吉田東洋**らが登用された。

j＝㉝…水戸藩では，藩主徳川斉昭が㉝**藤田東湖**，会沢安〔会沢正志斎〕らを登用した。

3 問１　イ（長崎）…史料は『海国兵談』である。冒頭は「今の世の習わしで，外国船の入港は**長崎に限られている**，と考えられている」となっている。

問２　エ（林子平―『海国兵談』）…この史料のキー・センテンスは「**江戸の日本橋より唐，阿蘭陀迄境なしの水路也**」である。日本は海に囲まれている国なので，海防が必要だと説いた。

問３　エ（恋川春町），オ（山東京伝）…黄表紙（恋川春町『**鸚鵡返文武二道**』）と洒落本（山東京伝『**仕懸文庫**』）が弾圧された。

問４　①＝エ，②＝キ，③＝ア，④＝カ…史料Bは**エ本多利明のキ『経世秘策』**。経世家としては『稽古談』のア**海保青陵**，『経済要録』のカ**佐藤信淵**がいる。

問５　ア（徳川家斉）…『経世秘策』は寛政年間の本なので，将軍は**徳川家斉**。

16 幕末

問題：本冊 p.64

1 問A イ 長崎 ロ 生麦 問B あ b い b う a
　問C 1. a 2. 金光教 3. c

2 問1 エ 問2 イ 問3 イ，ウ，エ

解説 **1** 問A　イ＝長崎…1859年から貿易は横浜（神奈川）・**長崎**・箱館の3港で始まった。

ロ＝生麦…薩摩藩の島津久光の行列を横切ったイギリス人が殺傷された事件は**生麦事件**である。この事件も尊王攘夷運動の高揚を背景に起こったもの。

問B　あ＝b（天津）…アロー戦争で清国が英仏と結んだのは**天津条約**である。アヘン戦争の時の南京条約と間違えやすい。清国は天津条約の2年後に北京条約を結んだ。不平等条約の内容がだんだん清国に不利になっていった。

い＝b（新見正興）…日米修好通商条約の批准のためアメリカに派遣された外国奉行は**新見正興**である。新見が搭乗したポーハタン号の護衛艦は**咸臨丸**（艦長は勝海舟）でこの時初めて太平洋横断に成功した。ちなみに**福沢諭吉**はこの船で初めて渡米した。

> ✏️ **合否を分けるチェックポイント** 》》 **安政の改革での人材登用**
>
> ①永井尚志（軍艦奉行など），岩瀬忠震（外国奉行など），川路聖謨（勘定奉行・外国奉行など）など有能な幕臣を登用した
> ②岩瀬忠震は下田奉行井上清直とともに日米修好通商条約に調印
> ③川路聖謨は全権筒井政憲とともに日露和親条約に調印

う＝a（ヒュースケン）…**ヒュースケン**はオランダ人。駐日アメリカ公使館の通訳官。ハリスの通訳として来日した。薩摩藩の尊攘派に暗殺された。

問C　1＝a…薩英戦争の敗北の経験から，薩摩藩は無謀な攘夷を反省しイギリスに接近する開明政策に転換した。以後薩英関係は急速に緊密となり薩摩藩のイギリス留学生派遣などが実現した。b-島津久光は以後も幕末政局のリーダーの一人となった。c-調所広郷は天保期の藩政改革を担当した人物。d-薩摩藩は薩長同盟を結んだので第二次長州征伐の出兵を拒否した。

> ✏️ **合否を分けるチェックポイント** 》》 **幕末の留学生**
>
> 幕府…西周，津田真道，榎本武揚らをオランダに派遣
> 長州藩…伊藤博文，井上馨らをイギリスに派遣
> 薩摩藩…寺島宗則，森有礼，五代友厚らをイギリスに派遣

2＝金光教…岡山の農民川手文治郎〔赤沢文治〕が創始したのが**金光教**である。

合否を分けるチェックポイント ≫ 幕末・維新期の民衆宗教

民衆宗教は生き神とされる教祖が病気平癒など現世利益の祈禱を行うもの
①天理教…大和　教祖＝中山みき
②黒住教…備前　教祖＝黒住宗忠
③金光教…備中　教祖＝川手文治郎〔赤沢文治〕
④禊教…武蔵　教祖＝井上正鉄
これらの民衆宗教は神社神道と区別して教派神道とよばれた

3＝c…蕃書調所は洋書調所を経て開成所となった。正文。a - 講武所は洋学研究
　の場所でなく武芸・砲術をはじめとする軍事訓練を行う所。b - 本多利明は幕
　末でなく天明期から化政期に生きた経世家。d - 海軍伝習所は横須賀でなく長
　崎に開設された。勝海舟，榎本武揚や五代友厚らもここで学んだ。

 合否を分けるチェックポイント ≫ 幕府の研究機関の変遷

1811 蛮書和解御用（高橋景保の建議）　→1855 洋学所　→1856 蕃書調所
→1862 洋書調所　→1863 開成所　→1868 開成学校
………1877 東京大学

2 問1　エ…A - 四国艦隊下関砲撃事件は1864年8月。B - 高杉晋作らによる奇兵
　隊などの挙兵は1864年12月。長州藩の主導権を奪い返したのは1865年。C -
　生麦事件は1862年。D - 長州藩と尊攘派公家を京都から追放した八月十八日の政
　変は1863年。E - 禁門の変は1864年7月。禁門の変の結果として第1次長州征討
　が行われその最中に四国艦隊下関砲撃事件が起こった。したがってエのC→D→
　E→A→Bとなる。

問2　イ…アメリカは日本を開国させたが1860年から南北戦争（1861～65年）の
　ために貿易額が少なくなった。残りは正文。

問3　イ（黒住教），ウ（金光教），エ（天理教）…選択肢の中で幕末に成立した民
　衆宗教は，黒住宗忠を教祖とする黒住教，川手文治郎〔赤沢文治〕を教祖とする
　金光教，中山みきを教祖とする天理教の3つである。アの大本教は教祖である出
　口なおが1892年に神がかりして開いた。のち，娘婿の出口王仁三郎が組織を発
　展させていった。大正時代に不敬罪，昭和時代に治安維持法違反で弾圧された。
　オのひとのみちは，1924年に御木徳一が開いた。1931年にひとのみち教団と改
　称した。昭和時代に不敬罪，治安維持法違反で弾圧された。戦後はPL〔パーフェ
　クト・リバティー〕教団となった。

1 問1 ① 問2 ④ 問3 ③ 問4 ① 問5 ②
2 問1 (c) 問2 (b) 問3 (b), (e)

解説

1 問1 ①（五倫）…この史料は**五榜の掲示**。これは旧幕府の対民衆政策をそのまま継承したものといわれ，第一札に**五倫の道**を守ること，第二札に**徒党や強訴の禁止**，第三札に**キリスト教の禁止**を掲示した。第一札の空欄は**五倫**が入る。

問2 ④（浦上）…第三札は**キリスト教の禁止**なので，明治初年に起きた**浦上信徒弾圧事件**（長崎）を指している。

問3 ③…1873年，浦上信徒弾圧事件で列国の抗議をうけたことから，切支丹禁制の高札を廃止した。なお，選択肢にはないが，背景のもう一つの理由として，キリシタン弾圧が条約改正の障害になることから撤去された。

問4 ①…問題文に「この史料が出された年の閏四月に定められた」とあるのは**政体書**のことである。政体書では権力はすべて太政官に集中すること，三権分立主義をとること，高級官吏については四年ごとに互選して交代させることなどが定められた。神祇官は太政官の上でなく，太政官の中の行政の1つに位置づけられている。②・③・④は正文。立法は議政官で，その中は上局と下局で構成されている。なお，1869年の版籍奉還の時に**二官六省制**となり，この時**神祇官は太政官の上**に位置づけられた。

☑ **太政官制の変遷**

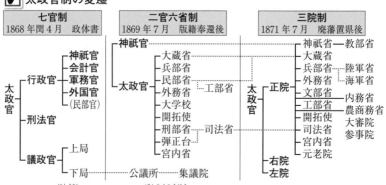

問5 ②（西周）…西周が『万国公法』を翻訳した。

📝 **合否を分けるチェックポイント** ▶ 幕末・維新期の著書・翻訳書

加藤弘之…『鄰草』（1861年）日本最初の立憲思想の紹介
『真政大意』（1870年），『国体新論』（1875年）などで立憲制を紹介
西周…フィセリング『万国公法』を翻訳（1866年，1868年刊行）
津田真道…フィセリング『泰西国法論』を翻訳（1866年執筆，1868年刊行）

2 史料は大隈重信関係の史料であるが，どの設問も史料の解釈とは関係がない。

問1 （c）…史料に関係なく，①〜④の事項の順番を単純に考えればよい。①開拓使の廃止は1881年の**北海道開拓使官有物払下げ事件**を考えればよい。これは開拓使廃止にあたり，開拓使長官黒田清隆が開拓使の官有物を払い下げようとして起こした事件である。したがって，事件の後に開拓使は廃止された（1882年）と考えればよい。②県令は，**廃藩置県**（1871年）の時に知藩事を罷免して，府知事・県令を任命した。③肥前藩主の版籍奉還出願は，1869年に薩摩・長州・土佐・肥前の4藩主による**版籍奉還**の上表が行われたことを指している。④家禄支給の開始は，**版籍奉還**の結果。政府は旧藩主を知藩事に任命するとともに，藩士には家禄を支給した。したがって，版籍奉還の上表の後になる。よって，（c）③→④→②→①となる。

問2 （b）…政府は，1871年に**新貨条例**を定め，円・銭・厘を単位とする貨幣制度をつくった。しかし，これ以前に1868年に最初の政府紙幣**太政官札**を発行し，翌年に民部省札を発行した。これらの紙幣は両・分・朱であった。**新貨条例**によって太政官札を発行したのではない。残りのものは正文。

問3 （b），（e）…**金禄公債証書**を発行して秩禄を全廃した年は1876年である。この年に起こった出来事を選ぶのは，やや難しい。（b）秋月の乱は1876年。同年の廃刀令発布に憤激して，神風連の乱，**秋月の乱**，萩の乱が起こった。（e）国立銀行券の兌換停止も1876年。国立銀行条例によって第一国立銀行など4行しか設立されなかったため，1876年に**国立銀行条例を改正して兌換制度を廃止した**。なお，（a）地租改正条例の公布は1873年，（c）江華島事件は1875年，（d）秩禄奉還の法の制定は1873年である。

📝 **合否を分けるチェックポイント** ≫ **明治初年の難問事項**

①**脱隊騒動**…1870年奇兵隊などの長州藩の諸隊が藩の軍事力再編成に反発
②**警視庁設置**（1874年）…**川路利良**の建議
③**農商務省**…1881年内務省から分離　初代農商務卿は**河野敏鎌**
④**北海道**…1869年蝦夷地を北海道と改称　　**松浦武四郎**の建議
⑤**教育令**…1879年学制を廃止して教育令を公布　文部大輔**田中不二麻呂**
⑥**岩倉使節団**…**フルベッキ**の提案（→条約改正御用掛の大隈重信の立案）
⑦**琉球処分**…琉球処分を行った琉球処分官は**松田道之**

1 問1 あ 問2 岸田〔中島〕俊子 問3 治安警察法 問4 え
問5 甲申事変 問6 天津条約 問7 い 問8 景山〔福田〕英子

2 問1 ウ 問2 ウ 問3 ア 問4 エ 問5 エ

3 問1 （b） 問2 （c） 問3 （d） 問4 （e） 問5 （e）
問6 （d） 問7 協賛 問8 枢密院 問9 勅選議員

解説 **1** 🄳 **問1** あ…**立志社建白**という。片岡健吉を総代として国会開設要
求の建白を天皇に提出しようとしたが，政府に却下された。立志
社建白は**植木枝盛**が起草し，地租軽減や条約改正も含む内容であった。い‐西南
戦争は1877年，愛国社設立は1875年であった。う‐第2回大会でなく第3回大会。
え‐各地の政社は請願書を作成していない。やや難。細かくなるが，各地の政社
から約9万人の請願の署名を集め，国会期成同盟が起草した請願書にその代表
97名が署名して政府に提出した。お‐政府は請願書を受理しなかった。

🄳 **問2** 岸田〔中島〕俊子…やや難である。女性の自由民権家として知られている。
この史料の著者**景山英子**は**岸田俊子**の影響をうけて自由民権運動に参加した。

> ✎ **合否を分けるチェックポイント** ▶▶ **女性の民権運動家**
>
> 岸田俊子（京都）…男女平等を唱える。自由党副総理中島信行と結婚。
> **景山英子**（岡山）…岡山女子懇親会を結成。大阪事件で入獄。のち，平民社に
> 　　　　　　　　　参加。1907年に『世界婦人』を創刊。結婚して福田姓
> 　　　　　　　　　となる。著書『妾の半生涯』。
> 楠瀬喜多（高知）…立志社の民権家と交流。「民権ばあさん」とよばれた。

問3 治安警察法…女性が政治演説会に参加することが禁じられているのは**治安警
察法の第5条**であった。「1900年に定められた法律」で解答できる。

問4 え…自由党の解党は**加波山事件（1884年9月23日）**後まもなくであった（10
月29日）。秩父事件（10月31日～）が起きる直前で，秩父困民党の農民たちにとっ
て，たよるべき「板垣の自由党」はなかった。

問5 甲申事変…自由党解党問題が議論されている時期の「朝鮮変乱」とは，**甲申
事変**である。ちょうど1884年なので，壬午軍乱と区別できるであろう。

問6 天津条約…朝鮮変乱（＝甲申事変）に引き続いての「日清の談判」だから，
天津条約である。甲申事変で悪化した日清関係を調整するため，政府は**伊藤博文**
を全権として天津に派遣した。

問7 い…この「大事」は，**大阪事件**である。いは正文。あ‐自由党は解党している。
う‐朝鮮に渡航する前に逮捕された。え‐星亨は大阪事件に関係していない。お‐
大阪事件は最後でなく静岡事件が最後である。

問8 景山〔福田〕英子…この史料はリード文の一番下にある通り，景山英子『妾
の半生涯』。

2 問1　ウ（a：利益線，d：主権線）…史料は**山県有朋**首相の第1回帝国議会における施政方針演説である。山県は「**主権線**」と「**利益線**」を指摘し，これを守るために陸海軍事費が予算の中で重要であると強調した。

問2　ウ（朝鮮）…「利益線」とは**朝鮮半島**を指す。山県がこのように考える背景にあるのは，ロシアが建設しているシベリア鉄道の脅威があった。

問3　ア（山県有朋）…「第1回帝国議会」の「首相」がヒント。

問4　エ（天津条約）…史料中に明治「十八年ニ」結んだとあるので，明治18年＝1885年の**天津条約**である。

問5　エ…山県の主張の基本は，一国の独立を保つには主権線だけでなく利益線も維持しなくてはならない，というもの。そして，今，利益線＝朝鮮の中立が急務であるし，そのため天津条約も締結した。さらにシベリア鉄道建設で危機をむかえている。将来，天津条約を維持していくか，朝鮮の恒久的中立を維持していくか，が問題である，と述べている。ア・イ・ウは正文。

3 問1　(b)（黒田清隆）…大日本帝国憲法発布の内閣総理大臣は**黒田清隆**。

問2　(c)（皇室典範）…同時に制定されたものは**皇室典範**。**貴族院令・衆議院議員選挙法**と異なり，皇室典範は公布はされなかった。

問3　(d)（兵役と納税）…第20条で**兵役の義務**，第21条で**納税の義務**を定めている。

問4　(e)（学問）…大日本帝国憲法には**学問の自由**の規定はない。残りは，**法律の範囲内での自由**が認められた。

🔴問5　(e)（高田早苗）…難問。のち，早稲田大学学長（のち総長）を務めた。

問6　(d)（陸羯南）…新聞『**日本**』は**陸羯南**が創刊，「**国民主義**」を唱えた。(a)の福地桜痴は福地源一郎のこと。(c)の上野理一は朝日新聞の社長。朝日新聞を全国紙に発展させた。

問7　協賛…大日本帝国憲法では帝国議会は立法上の**協賛機関**とされた。

問8　枢密院…**枢密院**は憲法草案を審議するために設置されたが（初代枢密院議長は**伊藤博文**），憲法制定後は**天皇の最高諮問機関**となった。

問9　勅選議員…国家に勲功があって学識があり内閣の推薦で選ばれた議員を**勅選議員**という。なお，空欄「　2　」議員は貴族院が入る。

> ✏️ **合否を分けるチェックポイント** ≫ 貴族院の構成
>
> 皇族議員＋華族議員＋勅選議員＋多額納税者議員（各府県互選で1人）から構成

問題：本冊 p.72

1	問1	(1) (2)	02		(3) (4)	56		(5) (6)	10
		(7) (8)	12		(9) (10)	35		(11) (12)	16
		(13) (14)	04		(15) (16)	43		(17) (18)	46
		(19) (20)	26		(21) (22)	39		(23) (24)	17
		(25) (26)	38		(27) (28)	49		(29) (30)	28
		(31) (32)	62		(33) (34)	64		(35) (36)	52
		(37) (38)	23		(39) (40)	32			

問2　a　伊達宗城　b　臥薪嘗胆　c　後藤新平

2　問1　2，3　問2　1，4　問3　3，5

3　問1　あ，お　問2　い

解説

1　問1　(1) (2) ＝ 02（1873）…岩倉使節団は1871年12月に横浜を出発し，1873年9月に帰国した。(3) (4) ＝ 56（寺島宗則）…岩倉使節団の次に条約改正を担当したのは薩摩の**寺島宗則**。条約改正は果たせなかった。(5) (6) ＝ 10（1894）…1894年に**日英通商航海条約**が調印され，**領事裁判権〔治外法権〕**が撤廃された。外相は**陸奥宗光**。(7) (8) ＝ 12（1899）…施行は1899年，この時の外相は青木周蔵。(9) (10) ＝ 35（小村寿太郎）…関税自主権の完全回復は1911年，外相は**小村寿太郎**。(11) (12) ＝ 16（榎本武揚）…樺太・千島交換条約調印の全権は**榎本武揚**。(13) (14) ＝ 04（1876）…小笠原諸島は1876年に内務省の管轄下におかれた（1880年に東京府へ）。(15) (16) ＝ 43（島津家久）…1609年に琉球王国を征服したのは**島津家久**。(17) (18) ＝ 46（尚泰）…**琉球漂流民殺害事件**を契機に琉球藩を設置し，**尚泰**を琉球藩王として華族にした。(19) (20) ＝ 26（グラント）…前アメリカ大統領**グラント**が仲介に入った。(21) (22) ＝ 39（西郷従道）…台湾出兵を強行したのは**西郷従道**。(23) (24) ＝ 17（大久保利通）…全権**大久保利通**が交渉，英公使ウェードの仲介で日清互換条款が調印され，清国が日本の出兵を認め，50万両を支払うことを条件に日本は撤兵に同意した。(25) (26) ＝ 38（西郷隆盛）…政府は**西郷隆盛**を朝鮮へ派遣することを決定した。(27) (28) ＝ 49（副島種臣）…西郷隆盛，板垣退助，後藤象二郎，江藤新平，**副島種臣**の5参議の下野を**明治六年の政変**という。(29) (30) ＝ 28（黒田清隆）…江華島事件を機に**日朝修好条規**を結び，朝鮮を開国させた。全権は**黒田清隆**。なお，副使は井上馨（語群15）であった。(31) (32) ＝ 62（李鴻章）…下関条約の清国全権は**李鴻章**。(33) (34) ＝ 64（遼東半島）…日本に割譲されたのは，**遼東半島**・台湾・澎湖諸島。三国干渉では，この**遼東半島**を清国に返還した。(35) (36) ＝ 52（台湾民主国）…台湾では**台湾民主国**の樹立をさけぶ独立運動が起こった。(37) (38) ＝ 23（樺山資紀）…海軍軍令部長の**樺山資紀**が初代台湾総督に任命された。(39) (40) ＝ 32（児玉源太郎）…4代台湾総督は**児玉源太郎**。

合否を分けるチェックポイント 　　　**台湾総督**

① 1896年　台湾総督府条例で軍政　→ 1897年　台湾総督府官制で民政
② **台湾総督＝陸・海軍の大将か中将がなる**（1919年就任の田健治郎以降は文官でもなれた）
③ 台湾総督…**初代＝樺山資紀**　　**2代＝桂太郎**　　**3代＝乃木希典**
　　　　　　　　4代＝児玉源太郎

問2　a＝伊達宗城…日清修好条規の日本全権は**伊達宗城**。旧宇和島藩主。中国全権は李鴻章で，天津で調印した。

b＝臥薪嘗胆…三国干渉による**遼東半島**還付を受け入れ，清国に返還したことに対して，「**臥薪嘗胆**」の合い言葉でロシアに対する敵愾心が高揚した。

c＝後藤新平…4代台湾総督**児玉源太郎**の下で**後藤新平**が就任すると，土地調査事業や台湾銀行設立など植民地経営が軌道にのった。のち，後藤新平は満鉄総裁に転出した。

2　**問1**　2，3…**1** (39) (40)でもあったとおり，**児玉源太郎**は台湾総督を務め，民政局長に後藤新平を登用した。日露戦争時では満州軍総参謀長を務めた。1-日清戦争時の陸軍大臣は大山巌。4-伊藤博文の後継としての立憲政友会総裁は西園寺公望。5-南満州鉄道初代総裁は後藤新平。

問2　1，4…1，4は正文。2の『平民新聞』は週刊。3は『太陽』でなく『明星』。5は『時事新報』でなく『万朝報』。

（難）**問3**　3，5…難問。3平壌の戦いと5黄海の海戦は日清戦争の関係事項。ただし，黄海の海戦は日露戦争でも起こっているが，受験生の知識をこえているので，日露戦争には該当しないものとして正答とした。

3　**問1**　あ，お…これは**日比谷焼打ち事件**のこと。あ-内務省が管轄していた勧業行政は1881年に農商務省が設立されると，ここに移された。したがって，この当時（1905年）は警察行政などを管轄していた。お-日比谷焼打ち事件では戒厳令が発令されたが，米騒動の時には発令されていない。

問2　い…日記の「東郷大将を始め凱旋の海軍将校方を招待し祝賀の宴」とは日露戦争後の1905年，東郷大将は東郷平八郎のこと。1905年に**第2次日韓協約**を締結し，統監府を置いて，伊藤博文みずから**初代統監**に就任した。

問題：本冊 p.76

1	問A	3	問B	5	問C	2	問D	5
2	問1	ア	問2	ウ	問3	ウ	問4	ア

解説 **1** 問A 3…地租は**定額金納**なので，農産物価格の上昇期には売るための農産物価格が上昇し，地租の実質負担は軽減された。1-作付（け）制限は1871年の**田畑勝手作りの許可**によって，撤廃された。2-小作農家は小作料は地主に納めるが，**地租は納めない**。4-地租は地価の3％（のち2.5%）に**固定**されていたので，豊凶に応じて調整されることはなかった。5-地価の算定は，**従来の年貢による収入を減らさない方針**で進められたので，「個々の農地の収益に基づいて厳密に算定された」のではない。このため，地域によっては高い地価となり，江戸時代よりも重い負担になった所もあった。

問B 5…デフレ政策のため深刻な不況におちいった。さらに，増税に加えて地租が定額金納であったので，農民の負担は重くなり，自作農が土地を手放して小作農に転落した。1-増税による歳入増加は正しいが，**軍事費は削減しなかった**。背景には，壬午事変〔壬午軍乱〕と甲申事変があった。2-官営工場を払い下げる方針は，1880年の**工場払（い）下げ概則**で決定されたが，これは大蔵卿大隈重信の政策である。3-表現が微妙であるが，「**日本銀行設立と同時**」が誤り。日本銀行設立は1882年，銀兌換銀行券は1885年に発行され，翌年の初めから銀との兌換が行われた。4-金本位制に移ったのは，日露戦後でなく日清戦後である。1897年，**日清戦争の賠償金**の一部を使って金本位制を確立した。

📝 **合否を分けるチェックポイント** 　**大隈財政と松方財政**

大隈財政…①1877年 **西南戦争**の戦費調達→不換紙幣の乱発でインフレ
　　　　　②輸入超過で正貨（金）保有高の減少
　　　　　③1880年 **工場払（い）下げ概則**で財政負担の緩和を図ったが効果なし
　　　　　④1880年 **横浜正金銀行**を設立して輸出金融を促進
松方財政…①増税（酒造税，煙草税など）によって歳入の増加を図る
　　　　　②歳出の削減（**軍事費以外の歳出を緊縮した**）
　　　　　③不換紙幣を処分（＝**紙幣整理**）
　　　　　④1882年 **日本銀行**設立→1885年銀兌換銀行券発行（1886年銀兌換開始）
　　　　　⑤1883年 国立銀行条例を改正（発行券を取り上げ普通銀行に転換）
　　　　　⑥1884年 工場払（い）下げ概則を廃止→官営事業払（い）下げが本格化

問C　2…1871年に**長崎・上海間**に**海底電線**を敷設した。これによって，欧米と
リンクする国際的な電信網に組み込まれた。1 - 東京・大阪間でなく東京・横浜
間が最初。3 - 電話の輸入は1877年のこと。4 - 郵便制度は**前島密**の建議に基づいて，
1871年に導入され，1873年には全国均一料金制が実施された。5 - 1871年に郵便
制度が導入されたが，万国郵便連合条約加盟は同時でなく，1877年であった。

問D　5…政府が手厚く保護したのは三菱で，三井ではない。あとは正文。2のボ
ンベイ航路は1893年，北米航路は1896年である。3の民営鉄道の営業キロ数が
官営鉄道を上回ったのは，1889年。

2　問1　ア…X - 正文。1900年には，工場労働者総数39万人のうち，6割を繊維
産業が占めており，その88％が女性であった。Y - 正文。製糸業では労働時間
が1日15時間以上に及ぶこともあった。

問2　ウ…X - 明治末期の小作地率は80％をこえてはいない。45％程度で，昭和時
代になっても50％をこえなかった。Y - 正文。とくに地主が公債や株式に投資し
て資本主義との結びつきを深めた点に注意したい。

問3　ウ…X - 工場法は，10歳未満でなく12歳未満の就業禁止，少年・女性の就業
時間は8時間でなく12時間をこえる就業を禁止した。Y - 正文。実施は1916年ま
で延期された。

合否を分けるチェックポイント　　工場法の内容

①12歳未満の就業禁止（最低年齢12歳）
②15歳未満および女子は1日12時間をこえる就業を禁止
③15歳未満および女子は深夜業禁止（製糸業は14時間労働可）
④**15人以上を使用する工場に適用**（14人以下の零細工場には適用せず）
⑤資本家の反対で，**施行は1916年に延期**（第2次大隈内閣）

問4　ア…X - 正文。この事件は**川俣事件**という。1896年の大洪水による被害の拡
大に伴い，1897年数千の被害農民が大挙上京した「押出し」によって鉱毒問題
は社会問題化した。その後も問題が解決せず，1900年に「押出し」を行ったが，
群馬県川俣で警官隊と衝突して数十名が逮捕，起訴された。Y - 正文。田中正造
が議員を辞任し，天皇に直訴したのは1901年。

4
章

近代

1 問1　A ⑪　B ⑰　C ㉓　D ④　E ⑳　F ⑥

　　問2　あ ⑩　い ⑳　う ②　え ⑰　お ㉓　か ⑧

　　問3　(a) ⑥　(b) ⑦　(c) ⑫

　　問4　ア ⑮　イ ⑤　ウ ④　エ ⑱　オ ⑧　カ ㉓

2 問1　え　問2　お　問3　原敬（はらたかし）

3 1　改造（かいぞう）　2　円本（えんぽん）　3　岩波（いわなみ）　4　キング　5　活動写真（かつどうしゃしん）

　　6　ラジオ　7　石橋湛山（いしばしたんざん）　8　貧乏物語（びんぼうものがたり）　9　マルクス

　　10　西田幾多郎（にしだきたろう）　11　津田左右吉（つだそうきち）　12　民俗（みんぞく）

解説　**1** 問1　A＝⑪（大隈重信〈おおくましげのぶ〉）…第一次世界大戦が勃発した時の首相は**大隈重信**。B＝⑰（加藤高明〈かとうたかあき〉）…外相は**加藤高明**。立憲同志会（りっけんどうしかい）が与党として大隈内閣を支えた。C＝㉓（袁世凱〈えんせいがい〉）…日本が二十一カ条の要求をつきつけたのは，**袁世凱**政権。D＝④（山県有朋〈やまがたありとも〉）…「元老」の筆頭的存在がヒント。第一次世界大戦が始まった時点で，元老のうち，伊藤博文，黒田清隆，西郷従道（さいごうつぐみち），桂太郎（かつらたろう）はすでに亡くなっており，大戦中に井上馨（いのうえかおる），大山巌（おおやまいわお）が亡くなった。E＝⑳（西原亀三〈にしはらかめぞう〉）…寺内正毅（てらうちまさたけ）首相は特使**西原亀三**を派遣して**西原借款**とよばれる巨額の借款を行った。F＝⑥（段祺瑞〈だんきずい〉）…西原借款は北方軍閥の**段祺瑞**政権の傀儡化（かいらい）をねらったものであった。

問2　あ＝⑩（イギリス）…日本は**日英同盟**（にちえいどうめい）を使ってドイツへの宣戦にふみきった。い＝⑳（山東〈さんとう〉）…日本は中国におけるドイツの権益があった山東省を攻撃した。う＝②（青島〈チンタオ〉）…1914年，**膠州湾（こうしゅうわん）を封鎖**，山東半島に上陸しドイツの根拠地青島（さんとうしょう）を占領した。え＝⑰（赤道〈せきどう〉）…日本は赤道以北の**ドイツ領南洋諸島**（なんようしょとう）を占領した。ちなみに，赤道以南はオーストラリアが占領した。お＝㉓（東部〈とうぶ〉）…二十一カ条の要求の第2号は，南満州（みなみまんしゅう）・**東部内蒙古**（うちもうこ）での権益の強化であった。か＝⑧（チェコスロヴァキア）…シベリアに出兵する名目は，シベリアにいる**チェコスロヴァキア軍の救出**であった。

問3　(a)＝⑥…事件は，オーストリアの帝位継承者夫妻に対して起こされた。これは，セルビアの青年がフランツ＝フェルディナント夫妻を暗殺した**サライェヴォ事件**である。(b)＝⑦…当初は，伊藤博文，山県有朋，黒田清隆，松方正義（まつかたまさよし），井上馨，西郷従道，大山巌の7人であった。のちに，桂太郎と西園寺公望（さいおんじきんもち）が加わった。(c)＝⑫…彼は，首相を2年弱務めた。

問4　ア＝⑮（1914）…第一次世界大戦は**1914**年に勃発した。イ＝⑤（5）…日本は1915年の5月に最後通牒を出して要求の大部分をのませた。5月9日が**国恥記念日**（こくちきねんび）とされたことを思い出せばよい。ウ＝④（4）…第2次大隈内閣は，第4次日露協約（にちろきょうやく）を結び，極東での両国の特殊権益を相互に再確認した。この条約は日露同盟ともいう。エ＝⑱（1917）…1915年にイギリスのルシタニア号がドイツ潜水艦に無警告で撃沈（げきちん）された。犠牲者の中にアメリカ人乗客128人が含まれており，アメリカ国内ではドイツ非難の声が高まり，1917年にドイツに宣戦布告

をして参戦した。オ＝⑧（8）…寺内内閣がシベリア出兵を決定したのは，1918年8月であった。その少し前の1918年7月に，富山県魚津町から米騒動が起こった。カ＝㉓（1922）…シベリア出兵は1922年まで続けられた。**加藤友三郎内閣**がシベリア撤兵を完了した。

📝 **合否を分けるチェックポイント** ≫ 　**主要な日露協約**

第1次日露協約（1907年）…満州・蒙古の権益について，**南北分界線**を設定
　　　　　　　　　　　　　　（満州を南北にわけ相互の特殊利益承認）
第2次日露協約（1910年）…満州の現状維持，日露の鉄道権益確保の協力
第3次日露協約（1912年）…辛亥革命に対応

---

2 **問1**　え…下線aは日比谷焼打ち事件でなく，民衆の反対運動によって第3次桂内閣が辞職する**大正政変**をさしている。あ-犬養毅と尾崎行雄が逆。い-明治天皇でなく大正天皇が正しい。う-立憲政友会でなく，「立憲国民党の離党者など」が正しい。お-吉野作造が雑誌『中央公論』に発表した民本主義は大正政変（1913年）より後の1916年のことである。

問2　お…「憲法発布三十年」は1919年のこと。普通選挙を要求する運動は1920年に高揚期をむかえた。

🈔 **問3**　原敬…これは1920年の総選挙で，原敬の**立憲政友会**が小選挙区制の利点を生かして**選挙で圧勝**し，憲政会が敗北したことの記事。

3 1＝改造…『**改造**』は山本実彦が発行した雑誌。河上肇や山川均らが執筆した。また，志賀直哉『暗夜行路』，芥川龍之介『河童』などを掲載した。

2＝円本…1冊1円の低価格の全集がブームとなった。

🈔 3＝岩波…岩波文庫はドイツのレクラム文庫を参考にしたもの。やや難である。

4＝キング…「日本一面白くて為になる」は講談社の娯楽雑誌『**キング**』のこと。

5＝活動写真…明治30年代から昭和初期まで，映画は**活動写真**とよばれた。

6＝ラジオ…**ラジオ放送**は1925年開始。翌年，NHKが設立された。

7＝石橋湛山…『**東洋経済新報**』，植民地放棄を唱えた**小日本主義**がヒント。

8＝貧乏物語…『**貧乏物語**』は河上肇の主要著書。

9＝マルクス…河上肇はやがてマルクス主義経済学へと進んだ。

10＝西田幾多郎…**西田幾多郎**は『善の研究』で独創的哲学（西田哲学）を展開した。

11＝津田左右吉…津田左右吉は『古事記』『日本書紀』の文献学的批判を行った。

12＝民俗…**柳田国男**は，日本民俗学の確立に貢献した。

1 問1 台湾銀行　問2 取付け　問3 ４　問4 Ｂ
　　問5 エ　問6 ウ　問7 ア　問8 イ　問9 イ　問10 ウ

2 問A 2，4　問B 1，4　問C 1，2　問D 4，5
　　問E 4，5　問F 4，5　問G 2，5

3 1 美濃部達吉　2 法人　3 天皇　4 菊池武夫
　　5 岡田啓介　6 万世一系　7 国体明徴

解説

1 問1　台湾銀行…若槻内閣は台湾銀行救済のため緊急勅令による特別
融資案を出したが，枢密院が台湾銀行救済緊急勅令案を否決したため，若槻内閣
は総辞職した。

問2　取付け…若槻内閣総辞職の翌日，台湾銀行は休業した。全国的な取付け騒動
と銀行の休業（東京では安田銀行や十五銀行，大阪では近江銀行）が続いた。

（難）問3　4…やや難である。ここでは井上準之助蔵相の意図（ねらい）を問題にして
いる。井上蔵相は旧平価で解禁した。すなわち，為替相場の実勢は100円＝46.5
ドル前後であったが，100円＝49.85ドルの旧平価で解禁したので，実質的には
円の切上げ＝円高となった。円高が進むと，輸出品価格は高くなる（＝割高）の
で，輸出が停滞して輸入が増大する。そうなると，生産性の低い不良企業は淘汰
（＝整理）されることになる。すなわち，旧平価解禁の理由には，不良企業を整
理して日本経済の体質改善を図る必要があるとの判断，があった。

問4　Ｂ…犬養内閣は金輸出再禁止を実施した。円の金兌換が停止されるので，円
相場は円安になる。円安になれば，輸出は増加する。犬養内閣の高橋是清蔵相は，
為替相場の円安を利用して輸出を増大させた。

問5　エ…高橋是清蔵相は財政膨張策をとった。赤字国債を大量に発行し，軍事費
と時局匡救費に充てた。なお，この赤字国債は日銀引き受けである。こうして，
財政支出を拡大して需要の創出を図った。以上はア・イ・ウの内容。正文。エの
「軍事費への支出を削減」が間違い。

（難）問6　ウ…資源の乏しい日本はくず鉄・石油・鉄鉱石などを輸入に依存し続けた。

✎ 合否を分けるチェックポイント　　1930年代の重化学工業の発達

①金属・機械・化学工業合計の生産額が，1933年には繊維工業を上回った
②1938年には，重化学工業の生産額が，工業生産額全体の50％を上回った
③鉄鋼業では，国策会社日本製鉄会社が生まれ，鋼材の自給が達成された
④日産などの新興財閥が台頭し，軍と結びついて満州・朝鮮へも進出した

問7　ア（日本製鉄会社）…八幡製鉄所と民間5社（三井・三菱系製鉄）による大
合同が行われ，国策会社日本製鉄会社が生まれた。

問8　イ（イギリス）…綿織物の輸出はイギリスが世界1位で，圧倒していた。

問9　イ（綿織物）…低為替政策を利用して，綿織物輸出世界1位になった。

問10　ウ（鮎川義介）…日産コンツェルンに発展させたのは，日産（日本産業会社）の創業者鮎川義介。日窒の創業者野口遵も押さえたい。

2　問A　2，4…史料は二・二六事件蹶起趣意書である。最後の方に血盟団事件，五・一五事件，相沢事件があるので，時期が判断できる。1の盧溝橋事件，3の独ソ不可侵条約，5の中国対日全面抗戦はすべて，この事件の後のこと。

問B　1，4…1の西園寺公望は元老，4の渡辺錠太郎は陸軍教育総監。残りの人物は重臣経験者。

問C　1，2…正文。3の足尾銅山は安田でなく古河の経営。4は住友でなく安田や三菱の説明。5の別子銅山は古河でなく住友の経営。

問D　4，5…4の加藤寛治は軍縮に反対する艦隊派のリーダー。5は立憲民政党でなく立憲政友会のこと。1・2・3は正文。

問E　4，5…4・5の文は三月事件でなく十月事件の説明。三月事件は浜口内閣を倒して宇垣一成を首相とする内閣樹立を構想した。1・2・3は正文。

問F　4，5…正文。1・2は海軍青年将校が中心。3は猶存社でなく橘孝三郎らの右翼団体愛郷塾のこと。

問G　2，5…相沢事件は皇道派の相沢三郎陸軍中佐が統制派の永田鉄山軍務局長を刺殺した事件。この後，二・二六事件を誘発したので，2・5は正文。1-統制派でなく皇道派。3-総力戦体制樹立は統制派がめざしていた。4-東条英機は統制派なので，影響はうけていない。

3　1＝美濃部達吉…「所謂機關説ト申シマスルノハ」がヒント。天皇機関説を唱えた美濃部達吉である。

2＝法人…美濃部は，「國家ソレ自身ヲ一ツノ生命ア」るものと見，「法律學上ノ言葉ヲ以テ申セバ一ツ」法人とみなすことができる，と述べている。

3＝天皇…天皇はこの法人である国家の元首である。

4＝菊池武夫…この演説は，菊池武夫陸軍中将の非難に対して行われた。誤解した菊池貴族院議員に対して，美濃部はかなり丁寧な説明をしている。

5＝岡田啓介…時の内閣は，岡田啓介である。

6＝万世一系…大日本帝国憲法第一条は，「大日本帝國ハ万世一系ノ天皇之ヲ統治ス」とある。

7＝国体明徴…岡田首相は統治権の主体は天皇にあり，天皇機関説は誤りであると声明を出した。これを国体明徴声明という。なお，岡田首相は1935年8月と10月の2回声明を出した。

問題：本冊 p.86

1 問1　(1)　④　(2)　①　(3)　③　(4)　③　(5)　②
　　　　(6)　②　(7)　④　(8)　③
　　問2　(1)　④　(2)　②　(3)　①　(4)　③　(5)　①
　　　　(6)　④　(7)　③

2 問1　ウ　問2　徴用　問3　ウ　問4　花岡事件
　　問5　ウ，カ　問6　エ

解説　**1** 問1　(1) = ④（野村吉三郎）…1941年12月8日の未明，日本海軍はハワイ真珠湾を奇襲攻撃した。この時，宣戦布告文書はまだアメリカ国務省には届いていなかった。駐米日本大使館の怠慢とされているが，駐米日本大使は**野村吉三郎**であった。(2) = ①（ハル）…野村吉三郎大使が手渡した相手側の国務長官は**ハル**であった。(3) = ③（マレー）…ハワイ真珠湾攻撃の少し前，日本陸軍は英領**マレー**半島コタバルに上陸し，翌年シンガポールを占領した。（難）(4) = ③（1988）…アメリカ政府は，**1988年**になって収容者に対する謝罪や補償を初めて行った。(5) = ②（東条英機）…**東条英機**内閣が戦争翼賛体制の確立を図って行った総選挙を**翼賛選挙**という。選挙後には**翼賛政治会**（総裁阿部信行）が結成され，議会は政府提案に承認を与えるだけの機関となった。（難）(6) = ②（1937）…1942年の翼賛選挙は**5年ぶり**の総選挙である。したがって，1937年の総選挙以来となる。難問。(7) = ④（80）…この選挙で，非推薦候補者には激しい選挙干渉が加えられた。それでも尾崎行雄・鳩山一郎ら非推薦者が85名当選した。(8) = ③（6）…1942年6月，日米の海軍機動部隊同士がミッドウェー島沖で戦い，日本の主力空母と航空機が大打撃をうけた。**ミッドウェー海戦**での敗北以後，**戦局が大きく転換**し日本の**制海権・制空権は失われ**ていった。

問2　(1) = ④…アメリカによる提案とは，**ハル・ノート**のことである。④の日ソ中立条約の実質的廃棄は該当しない。

📝 **合否を分けるチェックポイント** ▶ ハル・ノートの内容

①中国・仏印からの全面的無条件撤退
②日独伊三国同盟の実質的廃棄
③満州国と汪兆銘政権の否認
　（重慶の中華民国国民政府以外の政権を認めない）

---

(2) = ②…正文。第1条と第2条において，「大東亜新秩序」における指導的地位を相互に認めた。第3条に，三国中の一国が第三国，すなわち**アメリカから攻撃をうけた時**は（アメリカを攻撃した時ではない），相互に援助することを約束するとあるので，①・③は間違い。第5条でソ連を対象から除外するとあるから，④も間違い。
(3) = ①（松岡洋右）…「大東亜共栄圏」の語は，**松岡洋右**が初めて用いたとされる。

(4) = ③…1940年に大政翼賛会が設立されると，社会大衆党，立憲政友会（久原房之助・中島知久平），立憲民政党（町田忠治）が解散し，参加した。1939年末には解党していない。

(5) = ①（岸信介）…**岸信介**は翼賛選挙で推薦候補として当選した。

(6) = ④（汪兆銘）…大東亜会議に参加したのは**汪兆銘**。

(7) = ③（ジャワ）…参加国は，日本，中華民国（汪兆銘），満州国（張景恵），タイ，フィリピン，ビルマ，自由インド仮政府であった。

2 難 **問1** ウ（20）…難問。1945年の男子人口（約3500万人）を参考に，戦争末期の兵力動員数約720万人をこの男子人口で割ると，約20％となる。太平洋戦争末期に，本土決戦にむけた兵士の総動員がかけられた。国内での最低限の生産力を確保するには男子人口の10％と考えられていたが，戦争末期には20％もの兵士に動員をかけたのである。

問2 徴用…1939年に国民徴用令が制定された。漢字2字なので**徴用**。

難 **問3** ウ…1943年に徴兵適齢を1年繰下げて満19歳とした。

📝 **合否を分けるチェックポイント** ▶ 東条・小磯内閣の国民動員の政策

①**学徒出陣**…1943年　徴兵適齢の文科系学生を軍隊に召集した
②**勤労動員**…労働力不足を補うため，学生・生徒や女性が軍需産業に動員された
　(1)学生・生徒→1943年　**学徒勤労動員**→1944年　学徒勤労令
　(2)女性→1943年　**女子挺身隊**（未婚女性動員）→1944年　女子挺身勤労令
　(3)1945年　これまでの諸法令を一本化＝**国民勤労動員令**

難 **問4** 花岡事件…中国人の戦時動員（強制連行）の中で，1945年に秋田県の花岡鉱山で中国人が蜂起した事件。多数の死者が出た。中国人被害者と鹿島組（現鹿島建設）は2000年に和解した。

難 **問5** ウ，カ…難問。ウ-マリアナ基地からの最初の東京への空襲は，1944年11月からである。また，カ-建物疎開のことで，ともに正文である。ア-**東京大空襲**は焼夷弾（通常の爆弾でなく）で無差別攻撃した。イ-沖縄戦以前から那覇に対する大空襲が行われた。エ-闇市は戦後のこと。オ-**学童疎開**は縁故疎開もあった。また，国民学校児童全学年が対象ではなかった。

問6 エ（中国（旧満州を除く））…復員は軍人・軍属が武装解除されて帰国すること，**引揚げ**は一般の日本人が帰国することである。最も多かったのは中国（約154万人），次が旧満州（約105万人）であった。

24 昭和時代　戦後1

問題：本冊 p.90

1 問1　(1)(2)　19　(3)(4)　34　(5)(6)　09　(7)(8)　05
　　　　(9)(10)　14　(11)(12)，(13)(14)　33，38（順不同）
　　　　(15)(16)　23　(17)(18)　36　(19)(20)　06　(21)(22)　42
　　　　(23)(24)　10　(25)(26)　20　(27)(28)　02　(29)(30)　24

　　問2　2
　　問3　[1]　極東委員会　　　　　　[2]　持株会社整理委員会
　　　　[3]　金融緊急措置令　　　　[4]　経済安定本部
　　　　[5]　トルーマン＝ドクトリン　[6]　日本製鉄会社
　　　　[7]　岩戸景気　　　　　　　[8]　日本列島改造論

2 問1　ウ　　問2　ア
3 問1　う　　問2　お　　問3　福田赳夫

解説 **1** 問1　(1)(2) = 19（幣原喜重郎）…戦後直後の激しいインフレーショ
ンに最初に対応したのが，**幣原喜重郎**内閣であった。しかし，効果は
一時的であった。(3)(4) = 34（復興金融金庫）…吉田内閣は，基幹産業に重点
的に融資を行う政府金融機関を設立した。これを**復興金融金庫**という。(5)(6) =
09（片山哲）…吉田内閣が採用した**傾斜生産方式**は次の**片山哲**内閣に継承された。
(7)(8) = 05（芦田均）…傾斜生産方式は，片山内閣に続く**芦田均**内閣でも採用
された。(9)(10) = 14（経済安定九原則）…インフレが続く中，冷戦という国際
情勢の変化によってアメリカの対日占領政策が大きく転換した。GHQは日本政
府に**経済安定九原則**の実行を命じた。日本経済の復興・自立を強く促したのであ
る。やがて，経済安定九原則に基づいて，**ドッジ・ライン**が実施された。(11)(12)，
(13)(14) = 33，38（順不同）（富士製鉄，八幡製鉄）…過度経済力集中排除法
によって巨大企業の分割・再編成が命じられ，日本製鉄は**富士製鉄**，**八幡製鉄**な
どに分割された。(15)(16) = 23（世界銀行）…日本は独立した1952年にIMFと
世界銀行に加盟した。世界銀行は第二次世界大戦後の世界経済の復興と開発途上
国の経済成長を促進するための長期貸付を行う機関で，日本は，鉄鋼・電力・鉄
道などの分野で巨額の借入れを行った。(17)(18) = 36（三池炭鉱）…石炭から
石油への転換（エネルギー革命）を背景に，三井鉱山の三池鉱業所が大量の指名
解雇を行った。組合側が282日間のストを実施したのが**三井三池炭鉱争議**。(19)
(20) = 06（池田勇人）…「1960年代前半」「開放経済体制への移行」がヒント。
池田勇人内閣。(21)(22) = 42（輸入制限）…GATT11条国は国際収支上の理由
で**輸入制限**できない国を指す。(23)(24) = 10（為替管理）…IMF8条国は国際
収支の悪化を理由に**為替管理**が行えない国を指す。(25)(26) = 20（資本の自由化）
…OECDへの加盟で**資本の自由化**が義務づけられた。(27)(28) = 02（1968）…
佐藤栄作内閣の1968年，日本の国民総生産（GNP）は，自由主義国で西ドイツ
を抜いて第2位となった。(29)(30) = 24（第4次中東戦争）…高度経済成長は，
1973年に勃発した**第4次中東戦争**による石油危機で終焉をむかえた。

問2　2…複数為替レートを廃止し，1ドル＝360円の**単一為替レート**にした。

問3　[1]＝**極東委員会**…対日占領政策の最高決定機関は**極東委員会**。初め11カ
国（のち13カ国）で構成され，ワシントンに設置された。

[2]＝**持株会社整理委員会**…持株会社や財閥家族の所有する株券（有価証券）など
の資産を**持株会社整理委員会**に移管し，売却処分にした。

[3]＝**金融緊急措置令**…幣原内閣は**金融緊急措置令**によって預金封鎖と新円切り換
えでインフレを乗り切ろうとした。

[4]＝**経済安定本部**…蔵相に石橋湛山を就任させ，**経済安定本部**を設置して経済復
興にあたらせた。1955年に経済企画庁になった。

[5]＝**トルーマン＝ドクトリン**…**トルーマン＝ドクトリン**は対ソ封じ込め政策とよ
ばれるもので，対ソへの対決姿勢を鮮明にした。

[6]＝**日本製鉄会社**…八幡製鉄所と民間5社（三井・三菱系製鉄）による大合同が
行われ，**日本製鉄会社**が生まれた。

[7]＝**岩戸景気**…1958〜61年の日本の好景気は**岩戸景気**。

[8]＝**日本列島改造論**…**日本列島改造論**は，太平洋ベルト地帯に集中した産業を全
国の地方都市に分散させて，それらを新幹線と高速道路で結ぶという構想であっ
た。

2　問1　**ウ**…ソ連は講和会議に出席したが，調印を拒否した。中華人民共和国と
中華民国は招かれなかった。残りは正文。

問2　**ア**…極東委員会は**1**の問3[1]の解説のとおり，ワシントンに設置された。
東京には対日理事会が設置された。残りは正文。

3　問1　**う（南原繁）**…〔史料〕1はサンフランシスコ平和条約。吉田首相は，
全面講和論を唱えた東大総長**南原繁**に対して「曲学阿世の徒」と非難した。

問2　**お**…〔史料〕2は日米新安全保障条約〔新安保条約〕。岸信介首相は，安保
改定に伴う混乱を予想して，警察官の権限強化を図る警察官職務執行法改正案を
国会に提出した。世論の反対運動が高まり，審議未了で廃案となった。

問3　**福田赳夫**…1978年，**福田赳夫**首相は，日米防衛協力（のための）指針〔ガ
イドライン〕を閣議決定した。有事の際の米軍と自衛隊の共同作戦行動が示され
た。

問題：本冊 p.94

1 問A　貿易黒字　問B　内需　問C　低金利　問D　空洞化
　　 問E　1　問F　5　問G　3
2 問1　山川菊栄　　問2　公娼　　問3　男女雇用機会均等法
　　 問4　イ

解説　**1** 問A　貿易黒字…日本経済は，円安の固定相場や安価な石油輸入によって輸出が増大し，**貿易黒字**となった。1960年代後半以降は大幅な貿易黒字が続いた。

問B　内需…「プラザ合意」による急速な円高は，輸出型の産業に大きな打撃を与えた。輸出型産業を中心とする不況が一時深刻化した。これを**円高不況**という。日本経済は，日銀総裁前川春雄による「前川レポート」により，**内需主導**の国際協調型経済構造へ転換していった。

問C　低金利…内需主導型の経済は，具体的には，公共投資の拡大や金融緩和策（超**低金利政策**など）を行った。超低金利政策をとれば，内需拡大が進むからである。その後は，内需拡大に支えられた大型景気がおとずれた。銀行や企業にだぶついた余剰資金が不動産市場や株式市場に流入し，**地価や株価が投機的高騰**を始めた。こうして**バブル経済**が始まった。

問D　空洞化…円高が進行したため，企業は，アジア諸国や欧米に工場などの生産拠点を移転していった。円高は国内に比べて海外の生産コストが下がるためである。企業の活動の拠点が国内から海外に移ると，国内の経済活動が「カラ」になってしまい，所得や雇用を生み出す力が低下してしまう。これを産業の**空洞化現象**〔空洞化問題〕という。

🔶 問E　1…難問。1985年のプラザ合意は第1次でなく，第2次中曽根内閣の時になされた。残りは正文。

> ✏️ **合否を分けるチェックポイント** ▶ プラザ合意
>
> ①1985年，**5カ国蔵相・中央銀行総裁会議**（G5　米・日・英・西独・仏）が，ニューヨークのプラザホテルで開かれた
> ②**ドル高是正**のために協調介入する合意（**プラザ合意**）がなされた。これによってドル相場は一挙に下落した
> ③1987年，G7（G5＋伊・加）による**ルーブル合意**（パリ）では円高・ドル安の行き過ぎの調整がなされた

🔶 問F　5…日本の貿易黒字を背景に，日米貿易摩擦が起こり，1986年に**日米半導体協定**が調印された。「廃止された」が誤り。日本側は輸出の自主規制，アメリカの輸入拡大をめざして調印された。

合否を分けるチェックポイント　　1980年代の日本経済

①日本の貿易黒字が拡大し，欧米と**貿易摩擦**

②とくに**日米経済摩擦**…米は自動車輸出自主規制，農産物の輸入自由化を要求

③1988年　**牛肉・オレンジの輸入自由化**を決定（実施は1991年）

④**日米構造協議**…1989年から開始　大規模小売店舗法の規制緩和を決めた

⑤**政府開発援助〔ODA〕**…1980年代に世界最大規模　1985年以降に急増

　　　　　　　　　　　　1989年に世界第1位

問G　3（**複合不況**）…1987年ごろから実体経済から乖離し始め，1990年ごろから株価や地価が急速に下落し**バブル経済は崩壊**した。地価や株価が急激に下落すると，企業の一部が倒産したり，金融機関の不良債権問題が起こった。これが実体経済に波及したのを**複合不況**という。

合否を分けるチェックポイント　　1990年代の日本経済

①**平成不況**…1991年以降の長い低迷を，「失われた10年」とよんだ

②**複合不況**…各種金融機関が多額の不良債権を抱えて危機におちいり，これが実体経済に波及したことを**複合不況**という

③**金融機関の破綻**…1997年　**北海道拓殖銀行と山一証券が破綻**

　　　　　　　　　　1998年　日本債権信用銀行と日本長期信用銀行が破綻

④**空洞化現象**…バブル経済崩壊後，アジア諸国に工場を移す企業が増大し，国内産業が衰退した。企業の多国籍化（**多国籍企業**）が進んだ

2　問1　山川菊栄…戦前，女性解放の運動家であった**山川菊栄**は，戦後，労働省婦人少年局の初代局長に就任した（1947年）。社会主義者山川均の妻である。

難　問2　公娼…戦前は，売春業が地域や業者を特定して公認された。これを**公娼**制度という。1956年に売春防止法が成立した。

問3　男女雇用機会均等法…国連の**女子差別撤廃条約**は1979年に採択され，日本は1980年に署名し，1985年に批准された。**男女雇用機会均等法**は1985年に公布され，男女差別の禁止を義務づけた（公布も施行も中曽根内閣）。

難　問4　イ…Bは**問2**の解説のとおり1956年，Dのウーマン・リブの運動が日本で始まったのは1970年代。Eの第1回日本母親大会が開催されたのは，1955年。したがって，イのA→E→B→D→Cの順である。やや難である。